COLECCIÓN "CAMINO DE SANTIDAD"

LA PARADOJA

DE UNA IGLESIA

VICTOR M. ROMERO C.

Este libro forma parte de la colección "**Camino de Santidad**", dedicada a la formación espiritual, restauración del alma y discernimiento profético en los tiempos finales.

Toda similitud con personas, lugares o eventos reales ha sido tratada con respeto y propósito espiritual.
La obra ha sido consagrada como instrumento de luz, enseñanza y llamado pastoral.

ISBN: 979-8-9937568-4-4
Diseño de cubierta y edición: Victor Manuel Romero Celis
Impreso en los Estados Unidos de América

Para contacto, colaboraciones o acceso a contenido adicional, escanee el código QR en la contraportada.

"Y yo también te digo, que tú eres Pedro, y sobre esta roca edificaré mi iglesia; y las puertas del Hades no prevalecerán contra ella."
(Mateo 16:18)

ÍNDICE GENERAL

PARTE III
LA DECLARACION QUE DEFINE TODO
Cuatro Paradojas Mas

PARTE FINAL
EL TIEMPO PARA ELEGIR
Templos...... o...... Almas

PROLOGO

Cuando una Inquietud se Vuelve Revelación

No todas las revelaciones llegan envueltas en luz.

Algunas llegan como una inquietud pequeña, casi imperceptible, que se instala en el corazón sin pedir permiso.

Así comenzó este libro…

Todo inició con una conversación sencilla, doméstica, de esas que no parecen tener peso espiritual… hasta que lo tienen.

Mi esposa, con la sinceridad que la caracteriza, me expresó que ya no sentía deseos de continuar asistiendo los domingos al lugar donde nos reuníamos cada semana, a lo que llamamos "Iglesia". No lo dijo con enojo ni con rebeldía; lo dijo con cansancio, con esa honestidad que nace cuando el alma ya no quiere fingir.

Mi reacción fue inmediata, casi automática.

Le dije lo que cualquier líder responsable diría: que no era bueno estar saltando de iglesia en iglesia, de congregación en congregación, que eso no traía solidez espiritual, que había que orar, examinar, esperar.

Mis palabras eran correctas… pero algo dentro de mí quedó inquieto.

Porque después de hablar con ella, la conversación no terminó.

Comenzó otra conversación, dentro de mí.

Una pregunta empezó a repetirse en mi mente como un eco suave pero insistente:

¿Por qué estamos dónde estamos?

¿Estamos allí por convicción, por costumbre, por comodidad, por tradición... o por obediencia?

Esa pregunta me acompañó durante el día.

Me siguió mientras trabajaba.

Me alcanzó en el silencio de la noche.

Y en medio de ese proceso interno, sin buscarlo, sin provocarlo, sin esperarlo... una frase descendió como un rayo silencioso:

"La Paradoja de una Iglesia"

No la inventé.

No la pensé.

No la elaboré.

Simplemente apareció.

Y cuando una frase llega así, de golpe, sin aviso, sin lógica, uno sabe que no es una ocurrencia.

Es una invitación.

Esa expresión me desconcertó. Me sonó extraña, incómoda, casi contradictoria.

¿Cómo puede existir una paradoja en una iglesia?

¿Qué significa eso?

¿Por qué esa frase llegó justo en el momento en que estaba cuestionando nuestra permanencia en un lugar?

Esa inquietud se convirtió en un portal. Un portal hacia una reflexión profunda, honesta, necesaria.

No sobre "la iglesia" como institución, sino sobre la Iglesia como Jesús la mencionó por primera vez.

No sobre edificios, denominaciones o estructuras, sino sobre personas, propósito y diseño divino.

Este libro nace de ese proceso.

No nace de crítica, ni de enojo, ni de frustración.

Nace de una búsqueda sincera. Nace de un deseo de entender. Nace de la necesidad de volver al origen.

Porque si Jesús escogió un lugar tan particular como Cesárea de Filipo para pronunciar por primera vez la palabra "Iglesia", entonces ese lugar tiene algo que decirnos.

Algo que hemos pasado por alto.

Algo que necesitamos escuchar.

Este libro es mi intento de escuchar. De mirar ese escenario. De entender la paradoja de hoy. De discernir lo que Jesús quiso revelar.

Y de invitarte a caminar conmigo en esta reflexión que no pretende destruir nada, sino iluminar lo que hemos oscurecido con el tiempo.

Si este prólogo despierta en ti la misma inquietud que despertó en mí, entonces ya estamos en el camino correcto.

Porque toda transformación comienza así:

con una inquietud que se vuelve revelación…

Víctor Manuel Romero Celis

INTRODUCCION
La Palabra que Confundió mi Mente y Despertó mi Espíritu

Antes de comenzar a escribir este libro, tuve que enfrentar una realidad sencilla pero incómoda: no entendía completamente la expresión que había llegado a mi mente:

"La Paradoja de una Iglesia"

Sonaba profunda, sonaba provocadora... pero también sonaba confusa.

Para avanzar, necesitaba hacer lo más básico: definir las palabras.

Y fue allí donde comenzó la verdadera paradoja.

¿Qué es una paradoja? Una paradoja es una figura retórica que consiste en la contradicción de una idea con otra. Es una afirmación que, a primera vista, no tiene sentido... pero que, al examinarla con cuidado, revela una verdad más profunda que la lógica común no puede captar.

Las paradojas son herramientas poderosas en la literatura y la filosofía, ya que invitan a la reflexión y a la exploración de conceptos complejos. Las paradojas desafían nuestra comprensión y nos llevan a cuestionar nuestras creencias y suposiciones.

Las paradojas incomodan. Rompen patrones. Despiertan preguntas. Obligan a mirar más allá de lo evidente.

Cuando entendí esto, la palabra dejó de intimidarme.

Una paradoja no es un error... es una invitación a descubrir un posible error... es una invitación a encontrar una revelación... es como la zarza ardiente que vio Moisés, la cual no se consumía...pero esto lo atrajo para encontrarse con Dios.

¿Qué es una iglesia? Aquí fue donde comenzó el conflicto. Busqué la definición en el diccionario, esperando claridad... y encontré una lista interminable de significados:

- Templo
- Congregación
- Clero
- Institución
- Comunidad
- Diócesis
- Edificio
- Organización
- Estructura
- Lugar sagrado

Una sola palabra... con demasiadas definiciones e interpretaciones.

Y entonces entendí por qué la frase que había recibido me inquietó tanto:

no podemos hablar de la paradoja de una iglesia si ni siquiera sabemos qué significa "iglesia".

La confusión no era ignorancia. Era honestidad. La necesidad de volver al origen

Cuando una palabra se ha usado tanto, durante tantos siglos, en tantos contextos, con tantos matices... es inevitable que pierda su forma original.

Por eso, para entender qué quiso decir Jesús cuando pronunció por primera vez la palabra "iglesia", no podía depender de definiciones modernas, institucionales o culturales.

Tenía que volver al principio.

A la primera vez que esa palabra salió de la boca de Jesús.

A la primera escena donde fue mencionada.

A la primera conversación donde fue revelada.

Ese momento está registrado en Mateo 16:13–20.

Viniendo Jesús a la región de Cesarea de Filipo, preguntó a sus discípulos, diciendo: ¿Quién dicen los hombres que es el Hijo del Hombre? Ellos dijeron: Unos, Juan el Bautista; otros, Elías; y otros, Jeremías, o alguno de los profetas. Él les dijo: Y vosotros, ¿quién decís que soy yo? Respondiendo Simón Pedro, dijo: Tú eres el Cristo, el Hijo del Dios viviente. Entonces le respondió Jesús: Bienaventurado eres, Simón, hijo de Jonás, porque no te lo reveló carne ni sangre, sino mi Padre que está en los cielos. Y yo también te digo, que tú eres Pedro, y sobre esta roca edificaré mi iglesia; y las puertas del Hades no prevalecerán contra ella. Y a ti te daré las llaves del reino de los cielos; y todo lo que atares en la tierra será atado en los cielos; y todo lo que desatares en la tierra será desatado en los cielos. Entonces mandó a sus discípulos que a nadie dijesen que él era Jesús el Cristo.

Y allí, en ese pasaje, Jesús no solo dijo la palabra "iglesia".

La dijo en un lugar específico, en un escenario cargado de simbolismo, historia, idolatría, poder político y significado espiritual.

Un lugar que no fue escogido al azar.

Un lugar que hablaba por sí mismo.

Un lugar que revelaba un contraste tan fuerte, tan evidente, tan profundo… que se convirtió en la clave para entender la paradoja.

Jesús pudo haber hablado de la Iglesia en Jerusalén.

O en el templo. O en una sinagoga. O en un monte. O en una casa.

Pero no lo hizo.

Escogió Cesárea de Filipo.

Un lugar lleno de templos paganos. Un lugar dedicado a César. Un lugar consagrado al dios Pan. Un lugar fértil, político, religioso, estratégico. Un lugar que representaba todo lo que la Iglesia **NO DEBIA SER.**

Y fue allí, en ese escenario cargado de contradicciones, donde Jesús dijo:

"Sobre esta roca edificaré mi Iglesia."

¿Por qué allí?

¿Por qué en ese contexto?

¿Por qué en ese contraste?

La respuesta a esas preguntas es la columna vertebral de este libro.

Esta introducción no pretende resolver nada todavía. Solo quiere preparar el terreno.

Porque para entender la paradoja, primero debemos entender el escenario. Y para entender la Iglesia, primero debemos escuchar al Jesús que la nombró por primera vez... en el lugar menos esperado.

Cuando estés listo, entramos a Cesárea de Filipo.

Victor Manuel Romero Celis

Parte I

EL ESCENARIO QUE HABLA

"*Viniendo Jesús a la región de Cesárea de Filipo, preguntó a sus discípulos, diciendo: ¿Quién dicen los hombres que es el Hijo del Hombre?*"
(Mateo 16:13)

PARTE I

- EL ESCENARIO -

Que Habla

Antes de que Jesús pronunciara una sola palabra sobre la Iglesia, escogió un lugar.

No un monte tranquilo, ni una sinagoga conocida, ni un espacio familiar para los discípulos.

Escogió Cesarea de Filipo, un escenario cargado de historia, idolatría, política y simbolismos espirituales.

La Parte I nos invita a entrar en ese escenario.

A observarlo no como turistas, sino como discípulos que siguen al Maestro.

Aquí descubrimos que el lugar no fue casualidad:

Fue mensaje.

Fue contraste.

Fue revelación.

Y antes de hablar de la Iglesia, Jesús habló a través del lugar.

Y este escenario sigue hablando hoy…

Bienvenidos al Escenario que Habla…

Capítulo 1

CESAREA DE FILIPO
El Escenario Inesperado

"Viniendo Jesús a la región de Cesarea de Filipo, preguntó a sus discípulos, diciendo: ¿Quién dicen los hombres que es el Hijo del Hombre?"
(Mateo 16:13)

Cuando pensamos en los lugares donde Jesús enseñó, solemos imaginar montes, sinagogas, casas humildes, caminos polvorientos o la orilla del mar de Galilea.

Pero, Cesarea de Filipo no encaja en ninguna de esas imágenes.

También conocida como Banias, esta antigua ciudad, ubicada en el extremo norte de Israel, a unos cuarenta kilómetros del mar de Galilea, se levantaba al pie del imponente Monte Hermón, un lugar tan bello como espiritualmente turbulento.

Era un lugar extraño. Un lugar incómodo. Un lugar cargado de idolatría, política, superstición y espiritualidad distorsionada.

Y, sin embargo, fue allí, en ese escenario inesperado, donde Jesús decidió pronunciar por primera vez la palabra "Iglesia".

¿Por qué? Porque el escenario era parte del mensaje.

Y para entenderlo, necesitamos entrar en ese escenario.

No como turistas, sino como observadores espirituales.

No como lectores modernos, sino como discípulos que caminan detrás del Maestro.

EL MONTE HERMÓN... *El Escenario que Dios Señaló Desde Moisés*

Mucho antes de que existiera Cesarea de Filipo...

Mucho antes de que existiera Paneas...

Mucho antes de que existiera los templos paganos...

Este lugar ya estaba marcado por Dios.

La Escritura señala en Deuteronomio que el Monte Hermón también era llamado "Sion".

"Desde Aroer, que está junto a la ribera del arroyo de Arnón, hasta el monte de Sion, que es Hermón;"
(Deuteronomio 4:48)

Sion, un nombre que más tarde sería sinónimo de presencia, pacto, bendición y salvación.

Hermón-Sion, era:

- ✓ Un monte imponente.
- ✓ Un monte de donde descendía agua, vida y frescura.
- ✓ Un monte que alimentaba una de las fuentes principales del Jordán.
- ✓ Un monte que, sin saberlo, estaba siendo preparado para un encuentro que cambiaría la historia.

Y Jesús llevó a sus discípulos a ese lugar...

PALABRAS PROFÉTICAS... *Hermón-Sion como Lugar de Salvación*

Siglos después de Moisés, los profetas hablaron de este monte.

"Porque saldrá de Jerusalén remanente, y del monte de Sion los que se salven. El celo de Jehová de los ejércitos hará esto."
(2 Reyes 19:31)

"De Jerusalén saldrá un remanente...y del monte de Sion los que se salven."

El remanente de Jerusalén se manifestaría siglos después en los 120 del aposento alto, llenos del Espíritu Santo.

Pero la salvación anunciada desde "Sion", desde Hermón, se manifestaría cuando el Padre revelara al Hijo en este mismo lugar.

El salmista también dijo:

"Como el rocío de Hermón,
Que desciende sobre los montes de Sion;
Porque allí envía Jehová bendición,
Y vida eterna."
(Salmo 133:3)

Y otro salmo clamaba:

"¡Oh, que de Sion saliera la salvación de Israel!
Cuando Jehová hiciere volver a los cautivos de su pueblo,
Se gozará Jacob, y se alegrará Israel.
(Salmo 14:7)

Todo apuntaba a un solo momento: al día en que Dios, el Padre Celestial, el Creador, revelaría la identidad del Hijo, la identidad de Pedro, la identidad de la Iglesia y la victoria sobre el Hades...

al pie del Hermón…

Y Jesús llevó a sus discípulos a ese lugar…

PANEAS… *El Antiguo NOMBRE que lo Revela TODO*

Después del tiempo de los reyes de Israel, después del tiempo de los profetas y antes de ser Cesárea, ese lugar, al pie del monte Hermon-Sion se llamaba Paneas, en honor al dios griego Pan:

- dios de la naturaleza
- dios de la fertilidad
- dios de los rebaños
- dios del miedo

De su nombre viene la palabra pánico.

En Paneas había un santuario dedicado a Pan, con rituales paganos que incluían música frenética, danzas, sacrificios… y prácticas tan descontroladas que dieron origen a la palabra pandemónium.

Para un judío, Paneas era un sitio impuro. Un territorio extraño.

Un espacio donde la espiritualidad estaba torcida…

Y Jesús llevó a sus discípulos allí….

EL PANTEÓN DE PANEAS… *Un CENTRO COMERCIAL Espiritual*

Paneas era un desfile de dioses:

- Pan, representado con una estatua que sostenía las llaves del inframundo
- Zeus (o Júpiter), el dios supremo
- Némesis, diosa de la venganza
- Augusto César, proclamado como "hijo de dios"
- y hasta las famosas cabras sagradas danzantes

Tres templos principales estaban construidos sobre la roca del acantilado.

Otros altares se alineaban uno tras otro, como un centro comercial espiritual donde cada uno escogía su dios favorito.

Era un lugar donde la gente buscaba:

- experiencias
- sensaciones
- poder
- protección
- placer
- espiritualidad sin verdad

Y Jesús llevó a sus discípulos allí…

LA CUEVA DEL HADES: *El Portal de la OSCURIDAD*

En el santuario de Pan había una cueva profunda. Tan profunda que los antiguos creían que era una entrada al inframundo.

La llamaban:

"Las puertas del Hades."

Sacrificios eran arrojados a sus aguas. Si la corriente se los llevaba, Pan había aceptado la ofrenda. Si flotaban, Pan la había rechazado.

Era un lugar oscuro. Un lugar temido. Un lugar asociado a la muerte.

Y Jesús, parado frente a esa cueva, dijo:

"Las puertas del Hades no prevalecerán contra mi Iglesia."

No fue casualidad. Fue confrontación directa…

Y Jesús llevó a sus discípulos allí….

CESAREA DE FILIPO… *La Ciudad del Imperio*

Cesárea de Filipo no nació como una ciudad judía. No fue construida para la adoración del Dios de Israel. No formaba parte de la tradición espiritual del pueblo.

Era una ciudad reconstruida y embellecida por Felipe el Tetrarca, hijo de Herodes el Grande. Y no lo hizo por devoción, sino por política.

La ciudad fue levantada para honrar a César Augusto. Por eso la llamó Cesárea. Y para distinguirla de la Cesárea marítima, añadió su propio nombre: Filipo.

Era una ciudad que existía para agradar al imperio. Una ciudad que respiraba poder humano, no presencia divina…

Y Jesús llevó a sus discípulos justo a ese lugar….

LA MONEDA… *Que decía "HIJO DE DIOS"*

En Cesárea de Filipo circulaba una moneda especial acuñada para honrar a Augusto César.

En ella se leía:

"César, hijo de Dios."

Era propaganda política.

Era idolatría imperial.

Era una declaración que exigía lealtad.

Y en ese mismo lugar, Jesús pregunto:

"¿Quién dicen los hombres que es el Hijo del Hombre?"

Y Pedro respondió:

"Tú eres el Cristo, el Hijo del Dios viviente."

Una confesión que contradijo al imperio.

Una confesión que desafió a los templos.

Una confesión que rompió con Paneas.

ARQUITECTURA QUE HABLABA... *de Poder Humano*

Cesárea de Filipo era una ciudad hermosa. Tenía calles pavimentadas, edificios públicos, plazas amplias y estructuras romanas imponentes.

Todo estaba diseñado para reflejar grandeza, para mostrar la influencia del imperio, para recordar quién tenía el control.

Era una ciudad que gritaba:

"Aquí manda Roma."

Y Jesús llevó a sus discípulos justo a ese lugar….

LA FUENTE DEL JORDÁN: *Agua Natural en un Lugar espiritual SECO*

En Cesárea de Filipo nacía una de las fuentes principales del río Jordán.

Agua fresca. Agua abundante. Agua que daba vida a toda la región.

Era un contraste hermoso: un lugar espiritualmente seco… con una fuente natural que brotaba sin detenerse.

Jesús sabía lo que hacía. Sabía lo que representaba. Sabía que ese contraste sería parte de la enseñanza.

Y, sin embargo, Jesús llevó a sus discípulos allí…

¿POR QUÉ JESÚS LLEVO A SUS DISCIPULOS A ESTE LUGAR?

Primero, para cumplir lo que había sido profetizado muchos siglos antes, acerca de la salvación…

"Porque saldrá de Jerusalén remanente, y del monte de Sion los que se salven. El celo de Jehová de los ejércitos hará esto."
(2 Reyes 19:31)

"Como el rocío de Hermón,
Que desciende sobre los montes de Sion;
Porque allí envía Jehová bendición,
Y vida eterna."
(Salmo 133:3)

> *"¡Oh, que de Sion saliera la salvación de Israel!*
> *Cuando Jehová hiciere volver a los cautivos de su pueblo,*
> *Se gozará Jacob, y se alegrará Israel.*
> (Salmo 14:7)

¿Y de qué manera?

La confesión de Pedro:

> *"Respondiendo Simón Pedro, dijo: Tú eres el Cristo, el Hijo del*
> *Dios viviente."*
> (Mateo 13:16)

La confesión de Pedro, unida a la Revelación de Dios, seria el principio y base para lo que el apóstol Pablo enseñaría después:

> *"Porque con el corazón se cree para justicia, pero con la boca se*
> *confiesa para salvación."*
> (Romanos 10:10)

De igual Manera como lo enseño Jesús acerca de la salvación:

> *"Porque de tal manera amó Dios al mundo, que ha dado a su*
> *Hijo unigénito, para que todo aquel que en él cree, no se pierda,*
> *más tenga vida eterna."*
> (Juan 3:16)

Segundo, Jesús llevo a sus discípulos a aquel lugar porque Cesárea de Filipo era un espejo invertido. Todo lo que allí se veía, poder humano, templos materiales, idolatría, lealtad al imperio, espiritualidad distorsionada, era lo opuesto a lo que Él quería revelar.

Jesús no escogió ese lugar por casualidad. Lo escogió porque el escenario era parte del mensaje:

✓ En un lugar lleno de templos… habló de una Iglesia.

27

- ✓ En un lugar lleno de dioses falsos… Dios reveló al Hijo, al Cristo, al Mesias, al Salvador.
- ✓ En un lugar dedicado a César… fue declarado el Reino de Dios.
- ✓ En un lugar donde nacía agua natural… habló del agua viva.
- ✓ En un lugar asociado al Hades… Jesús decreto la victoria de la Iglesia sobre el Hades.
- ✓ En un lugar donde Pan tenía "las llaves del infierno" … Jesús anunció que Él daría las llaves del Reino.

Cesárea de Filipo no era un escenario accidental. Era un escenario profético. Era la Imagen de lo que nunca será su "Iglesia"

Y fue allí, en ese contraste divino, donde Jesús dijo por primera vez:

"Sobre esta roca edificaré mi Iglesia."

Capítulo 2

LA PARADOJA DEL LUGAR
Un Contraste Divino

Cuando Jesús llevó a sus discípulos a Cesarea de Filipo, no los estaba guiando a un lugar cómodo, familiar o espiritualmente seguro.

Los estaba llevando a un contraste.

A un choque visual, cultural y espiritual tan fuerte que, por sí solo, ya era una enseñanza.

Jesús no necesitó decir nada todavía.

El lugar hablaba.

LO QUE REPRESENTABA CESÁREA

Cesárea de Filipo era una ciudad que gritaba todo lo contrario al Reino de Dios.

Representaba:

- poder humano
- idolatría institucionalizada
- culto a líderes políticos
- espiritualidad distorsionada
- arquitectura que exaltaba al hombre
- lealtad al imperio
- templos materiales como símbolo de grandeza
- fertilidad natural sin fruto espiritual

Era una ciudad construida para honrar a César, no a Dios.

Una ciudad donde los hombres adoraban a otros hombres.

Una ciudad donde la espiritualidad se mezclaba con superstición, miedo y rituales paganos.

Era, en esencia, un anti-modelo de lo que Jesús estaba a punto de revelar.

LO QUE REPRESENTABA LA IGLESIA

En contraste, la Iglesia que Jesús estaba por mencionar por primera vez no tenía:

- ✓ templos
- ✓ edificios
- ✓ estructuras
- ✓ jerarquías humanas
- ✓ ornamentos
- ✓ poder político
- ✓ influencia social
- ✓ reconocimiento institucional

La Iglesia que Jesús tenía en mente era:

- ❖ un cuerpo vivo
- ❖ una comunidad espiritual
- ❖ personas transformadas
- ❖ corazones redimidos
- ❖ relaciones restauradas
- ❖ un pueblo guiado por el Espíritu
- ❖ un Reino que no se ve, pero se manifiesta
- ❖ una edificación interna, no externa

Mientras Cesarea exaltaba lo visible, Jesús hablaba de lo invisible.

Mientras Cesarea celebraba lo material, Jesús anunciaba lo espiritual.

Mientras Cesarea honraba a un hombre, Dios revelaba al Hijo del Dios viviente, Jesús, el Cristo.

EL CHOQUE ENTRE AMBOS MUNDOS

Imagina a los discípulos caminando detrás de Jesús.

A su alrededor, templos imponentes, estatuas, altares, símbolos de poder romano, rituales paganos, sacerdotes de Pan, soldados del imperio, comerciantes, peregrinos, turistas religiosos.

Todo en ese lugar decía:

"Aquí manda el hombre."

Y en ese mismo lugar, Jesús pronuncia:

"Sobre esta roca edificaré mi Iglesia."

El contraste era tan grande que no podía pasar desapercibido.

Era como si Jesús dijera:

"Miren lo que los hombres construyen… y ahora miren lo que Yo voy a construir."

"Miren cómo honran a César… y ahora miren a quién deben honrar."

"Miren estos templos… y ahora miren el templo que Yo levantaré."

"Miren esta fuente natural… y ahora miren la fuente de agua viva."

"Miren esta cueva que llaman las puertas del Hades… y ahora escuchen: no prevalecerán."

Jesús estaba usando el escenario como un sermón visual.

LA INTENCIÓN DIVINA DETRÁS DEL ESCENARIO

Jesús no escogió Cesárea de Filipo por casualidad. No fue un desvío del camino. No fue un paseo turístico. No fue un accidente geográfico.

Fue una declaración profética. En ese lugar, Jesús estaba diciendo:

"Mi Iglesia no se parecerá a esto."

"Mi Iglesia no será construida como esto."

"Mi Iglesia no honrará lo que este lugar honra."

"Mi Iglesia no dependerá de poder humano."

"Mi Iglesia no será un templo material."

"Mi Iglesia no será una institución del imperio."

"Mi Iglesia no será una copia religiosa de este sistema."

Jesús escogió el lugar más contradictorio para revelar la verdad más profunda.

Porque a veces, para entender lo que Dios quiere construir, primero debemos ver lo que Él no quiere construir.

Cesárea de Filipo era el espejo invertido.

La sombra que revela la luz.

El contraste que hace visible la verdad.

El escenario que expone la paradoja.

Y fue allí, en ese choque de mundos, donde Jesús abrió la boca y dijo por primera vez:

"Iglesia"

ANEXO

¿QUÉ QUISO DECIR JESÚS CUANDO DIJO "IGLESIA"?

La verdad escondida en la palabra ekklesía

Cuando Jesús pronunció por primera vez la palabra "Iglesia", no estaba hablando de un edificio, ni de una estructura, ni de un templo hecho por manos humanas.

No estaba pensando en columnas, techos, vitrales o auditorios.

Estaba hablando de personas.

Personas llamadas.

Personas reunidas.

Personas convocadas por Dios.

La palabra que Jesús usó fue ekklesía (ἐκκλησία), una palabra griega que ya existía mucho antes del cristianismo y que tenía un significado claro en la cultura de su tiempo.

1. EKKLESÍA (#1577)... *Una Palabra que Convoca*

Ekklesía, está formada por dos raíces del idioma griego:

1)-. ek (ἐκ) — #1537 - "fuera de", "desde adentro hacia afuera"

2)-. kaleō (καλέω) — #2564 — "llamar", "invitar", "convocar"

Juntas forman una imagen poderosa:

"los llamados afuera"

"los convocados por una voz superior"

"la asamblea reunida por propósito divino"

En el mundo griego, la ekklesía era la asamblea de ciudadanos que salían de sus casas para reunirse y tomar decisiones que afectaban a la ciudad.

No era un lugar. Era un pueblo reunido.

Y Jesús tomó esa palabra…y la llenó de eternidad.

2. UNA PALABRA… *Que NO Habla de Templos*

Cuando Jesús dijo:

"Sobre esta roca edificaré mi Iglesia"

no estaba imaginando:

- templos de piedra
- estructuras imponentes
- sistemas religiosos
- edificios con nombres humanos

Estaba imaginando:

- ✓ un pueblo nacido de revelación
- ✓ una comunidad edificada sobre la identidad del Hijo
- ✓ una familia espiritual convocada por el Padre
- ✓ una asamblea viva que ni el Hades podría detener

La Iglesia no es un lugar al que se va…

Es un pueblo al que se pertenece.

3. UNA PALABRA... *Que NACE en un Lugar LLENO de Templos*

Es poético y profético que Jesús escogiera Cesarea de Filipo, un lugar lleno de templos, altares, estatuas y estructuras religiosas...para hablar de algo que no era un templo.

En un lugar donde cada dios tenía su edificio, Jesús habló de una Iglesia sin paredes.

En un lugar donde Pan tenía "las llaves del inframundo", Jesús habló de llaves del Reino.

En un lugar donde la religión era espectáculo, Jesús habló de identidad.

En un lugar donde la espiritualidad era distorsión, Jesús habló de revelación.

La palabra ekklesía fue un golpe directo al corazón del sistema religioso y político del lugar.

4. UNA PALABRA... *Que DEFINE a los que RESPONDEN a LA VOZ*

Ekklesía no describe a los que "asisten". Describe a los que responden.

No describe a los que "observan". Describe a los que obedecen.

No describe a los que "pertenecen a un edificio". Describe a los que pertenecen a Cristo.

La Iglesia no es un público. Es un pueblo.

No es un evento. Es una identidad.

No es un lugar. Es un llamado.

5. UNA PALABRA... *Que sigue VIVA Hoy*

Cada vez que alguien responde al llamado del Padre, cada vez que alguien confiesa al Hijo, cada vez que alguien recibe revelación del Espíritu, la ekklesía se manifiesta.

No importa si están en una casa, en un campo, en un desierto, en un edificio o bajo un árbol.

La Iglesia no depende del lugar.

Depende de la voz que convoca.

Porque la Iglesia no es donde estamos...

La Iglesia es quiénes somos.

Parte II
LAS 8 PARADOJAS
QUE PUEDEN NACER EN UNA IGLESIA

"Viniendo Jesús a la región de Cesarea de Filipo, preguntó a sus discípulos, diciendo: ¿Quién dicen los hombres que es el Hijo del Hombre?"
(Mateo 16:13)

- LAS 8 PARADOJAS –

Que Pueden Nacer En Una Iglesia

Una vez entendido el escenario, Jesús nos permite mirar hacia adentro.

La Parte II revela ocho paradojas que pueden nacer en cualquier iglesia cuando pierde de vista su esencia, su propósito y su origen espiritual.

Estas paradojas no son acusaciones.

Son espejos.

Son advertencias amorosas que nos muestran cómo lo material puede desplazar lo espiritual, cómo la forma puede reemplazar el fondo, cómo la actividad puede sustituir la identidad.

Cada capítulo es un contraste entre lo que la Iglesia fue llamada a ser y lo que, sin darse cuenta, puede llegar a convertirse.

Aquí no se juzga.

Aquí se discierne.

Aquí se despierta.

Bienvenidos a las primeras 8 Paradojas...

Capítulo 3

RECONSTRUCCION Y EMBELLECIMIENTO
Cuando lo Material Suplanta lo Espiritual

"Antes, hacen todas sus obras para ser vistos por los hombres."
(Mateo 23: 5a)

Hay algo profundamente humano y peligrosamente espiritual en el impulso de construir algo grande.

- ✓ No es solo arquitectura.
- ✓ No es solo visión.
- ✓ No es solo planificación.

Es un movimiento interno, psicológico, emocional... casi instintivo.

Cuando un líder, un grupo de líderes o una comunidad entera se embarca en la construcción de un gran templo, algo se activa dentro del corazón humano:

- Un deseo de dejar huella
- Un deseo de ser recordado
- Un deseo de demostrar capacidad
- Un deseo de mostrar grandeza
- Un deseo de decir, aunque sea en silencio, "esto lo hicimos nosotros."

Ese impulso no es nuevo. Es antiguo. Antiquísimo.

Y la Biblia lo registra como un patrón espiritual que aparece una y otra vez:

❖ En Babel (Genesis 11), los hombres dijeron:

"Y se dijeron unos a otros: Vamos, hagamos ladrillo y cozámoslo con fuego. Y les sirvió el ladrillo en lugar de piedra, y el asfalto en lugar de mezcla. Y dijeron: Vamos, edifiquémonos una ciudad y una torre, cuya cúspide llegue al cielo; y hagámonos un nombre, por si fuéremos esparcidos sobre la faz de toda la tierra."
(Genesis 11:3-4)

No buscaban a Dios.
Buscaban altura.
Buscaban visibilidad.
Buscaban identidad en lo que construían, no en quien los creó.

❖ En los días de Saúl (1 Samuel 15), levanto un monumento para sí mismo:

"Madrugó luego Samuel para ir a encontrar a Saúl por la mañana; y fue dado aviso a Samuel, diciendo: Saúl ha venido a Carmel, y he aquí se levantó un monumento, y dio la vuelta, y pasó adelante y descendió a Gilgal."
(1 Samuel 15:12)

el rey levantó un monumento... pero no para Dios. Fue...

Para sí mismo.
Para inmortalizar su imagen.
Para asegurarse de que su nombre quedara grabado en piedra, aunque su obediencia estuviera hecha polvo.

❖ En Apocalipsis (Capitulo 3), Jesús confronta a una iglesia:

"Y escribe al ángel de la iglesia en Laodicea: He aquí el Amén, el testigo fiel y verdadero, el principio de la creación de Dios, dice esto:
Yo conozco tus obras, que ni eres frío ni caliente. ¡Ojalá fueses frío o caliente! Pero por cuanto eres tibio, y no frío ni caliente, te vomitaré de mi boca. Porque tú dices: Yo soy rico, y me he enriquecido, y de ninguna cosa tengo necesidad; y no sabes que tú eres un desventurado, miserable, pobre, ciego y desnudo."
(Apocalipsis 3:14-17)

La Iglesia de Laodicea se había enriquecida...pero estaba desnuda por dentro.

Había embellecido lo externo mientras descuidaba lo esencial.

❖ Y en Cesárea de Filipo, Felipe el Tetrarca reconstruyó y embelleció una ciudad entera para honrar a César...pero en el fondo, también para honrarse a sí mismo.

Para demostrar poder.
Para proyectar grandeza.
Para decirle al imperio:
"Miren lo que yo puedo construir."

Ese mismo espíritu, ese impulso de autoexaltación disfrazado de visión, sigue manifestándose hoy.

No siempre con maldad.

A veces con sinceridad.

LA PARADOJA DE UNA IGLESIA

Reconstrucción y Embellecimiento

A veces con buenas intenciones.

Pero con un efecto devastador cuando lo material comienza a ocupar el lugar de lo espiritual.

Porque cuando un templo se convierte en un símbolo de logro, cuando una estructura se vuelve un trofeo, cuando un edificio se transforma en una extensión del ego, la Iglesia deja de ser un cuerpo...y empieza a comportarse como una torre.

La Iglesia fue diseñada para sanar enfermos, pero cuando se construye desde el ego, termina enfermando a los sanos.

Fue creada para liberar, pero cuando se obsesiona con lo visible, termina esclavizando corazones.

Fue llamada a edificar vidas, pero cuando se enfoca en embellecer estructuras, termina descuidando almas.

Por eso Jesús llevó a sus discípulos a Cesarea de Filipo.

Para mostrarles, con un escenario vivo, lo que nunca quiso que su Iglesia fuera.

Para confrontar el espíritu de Babel, el espíritu de Saúl, el espíritu de la iglesia de Laodicea, el espíritu de la autoexaltación religiosa que se viste de grandeza, pero carece de gloria.

Y es aquí donde nace la primera paradoja de una Iglesia:

"Una Iglesia que nació para reconstruir vidas... terminó dedicándose a reconstruir edificios."

CUANDO LA EDIFICACIÓN... *se vuelve Material*

Si yo abrazo la idea de que "Iglesia" se refiere a un templo físico, entonces la reconstrucción y el embellecimiento se convierten en un proyecto arquitectónico, no espiritual.

Y si sigo ese camino, inevitablemente llego a una conclusión peligrosa: que Jesús entregó su vida para que construyéramos templos hermosos.

Pero Jesús no murió por estructuras.
No derramó su sangre por edificios.
No vino a este mundo para inaugurar construcciones materiales.

La Biblia es clara:

"De tal manera amó Dios al mundo (personas)..."
(Juan 3:16)

El amor de Dios no se derramó sobre paredes, techos o columnas. Se derramó sobre personas.

Jesús mismo lo dijo:

"Nadie tiene mayor amor que este, que uno ponga su vida por sus amigos."
(Juan 15:13)

Jesús entregó su vida por vidas, no por ladrillos.

LA EDIFICACIÓN... *que Dios SI ordenó*

Cuando el apóstol Pablo habla de edificación, nunca se refiere a templos físicos. Siempre habla de personas.

"A fin de perfeccionar a los santos... para la edificación del cuerpo de Cristo..."
(Efesios 4:11–16)

Pablo menciona:

- ✓ perfeccionamiento
- ✓ crecimiento
- ✓ unidad
- ✓ madurez
- ✓ plenitud
- ✓ concertación
- ✓ ayuda mutua
- ✓ amor

Ninguno de estos conceptos aplica a un edificio. Todos aplican a creyentes.

La Iglesia que Jesús edifica no es de piedra.
Es de carne y espíritu.
Es un cuerpo vivo.

LA PREGUNTA... *Incómoda*

Si Jesús habló de Iglesia en Cesárea de Filipo, un lugar lleno de templos materiales fue para mostrarnos que la verdadera

edificación no ocurre en estructuras físicas, sino en personas transformadas.

Y si esto es así, entonces debo hacerme preguntas honestas:

¿Por qué tantos líderes se preocupan más por edificar templos que por edificar vidas?

¿Por qué se invierte más dinero en estructuras que en personas?

¿Por qué se dedica más tiempo a un proyecto material que a discipular creyente?

¿Por qué se celebra más la inauguración de un edificio que la restauración de un alma?

¿Por qué se mide el éxito por el tamaño del templo y no por la madurez del cuerpo?

O quizás pueden surgir otra serie de preguntas también:

¿Qué enorgullece más a un pastor o apóstol o Líder?

➢ ¿Un templo grande… o un creyente maduro?
➢ ¿Una estructura hermosa… o una vida transformada?
➢ ¿Un edificio lleno… o un corazón lleno del Espíritu?
➢ ¿Un gran espectáculo… o una gran manifestación del fruto del Espíritu Santo en cada creyente?
➢ ¿Una gran estructura llena de métodos… o familias reconciliadas y viviendo en amor?

LA CONFRONTACIÓN... *Divina*

Jesús fue claro:

"Ninguno puede servir a dos señores; porque o aborrecerá al uno y amará al otro, o estimará al uno y menospreciará al otro. No podéis servir a Dios y a las riquezas."
(Mateo 6:24)

Y aunque muchos líderes no lo admitan, la obsesión por lo material termina desplazando lo espiritual.

Dios pedirá cuentas...
No por los templos que construimos, sino por las vidas que descuidamos.

Quizás Dios pregunte:

¿Por qué preferiste comprar luces de espectáculo en vez de alimentar al necesitado?

¿Por qué no visitaste a los que pastoreabas?

¿Por qué dedicaste más tiempo a la estructura material que a las personas?

¿En qué momento tu corazón se inclinó a lo material y no a lo espiritual?

Y estas preguntas no son unas acusaciones. Son un llamado al arrepentimiento.

EL MODELO ORIGINAL... *De la Iglesia*

La Biblia nos muestra cómo era la Iglesia al principio:

"Y sobrevino temor a toda persona; y muchas maravillas y señales eran hechas por los apóstoles. Todos los que habían creído estaban juntos, y tenían en común todas las cosas; y vendían sus propiedades y sus bienes, y lo repartían a todos según la necesidad de cada uno. Y perseverando unánimes cada día en el templo, y partiendo el pan en las casas, comían juntos con alegría y sencillez de corazón, alabando a Dios, y teniendo favor con todo el pueblo. Y el Señor añadía cada día a la iglesia los que habían de ser salvos."
(Hechos 2:43–47)

No había templos imponentes.
No había estructuras monumentales.
No había proyectos arquitectónicos.

Había:
- ✓ comunión
- ✓ generosidad
- ✓ sencillez
- ✓ enseñanza
- ✓ milagros
- ✓ crecimiento
- ✓ amor

Y el Señor añadía cada día a los que habían de ser salvos.

No porque el templo era grande...sino porque la Iglesia era viva.

LA VERDAD... *que Debemos Recuperar*

Dios no está interesado en embellecer edificios.
Está interesado en embellecer vidas.

Dios no reconstruye templos.
Reconstruye corazones.

Dios no edifica estructuras.
Edifica personas.

LA PARADOJA REVELADA

Cesárea de Filipo fue una ciudad enfocada en la belleza material, pero fue horrible en lo espiritual.

La Iglesia debe ser hermosa en lo espiritual, aunque no siempre tenga lo material.

La Primera Paradoja Nace Aquí:

"Una Iglesia que nació para reconstruir vidas... terminó dedicándose a reconstruir edificios."

Capítulo 4

REALIZACION PARA HONRAR
Cuando la Falsa Honra Desplaza a la Verdadera

"Hijos de los hombres, ¿hasta cuándo volveréis mi honra en infamia, Amaréis la vanidad, y buscaréis la mentira? Selah"
(Salmos 4:2)

La honra es uno de los actos más puros y profundos del corazón humano.

No nace del ruido, ni del aplauso, ni de la exaltación personal.

La honra verdadera siempre nace en un lugar más bajo: en la humildad, en la reverencia, en el reconocimiento sincero de que otro merece la gloria.

Cuando alguien honra a otro, no levanta la cabeza... la inclina.

No se exalta... se disminuye.

No dice "mírenme" ... dice "míralo a Él".

La honra auténtica lleva implícito un mensaje silencioso:

"Si no fuera por ti, esto no sería posible. Por eso te honro."

Pero aquí surge el peligro espiritual: es posible creer que honramos a Dios... mientras en realidad nos honramos a nosotros mismos.

Es posible construir algo grande "para el Señor" ... mientras el corazón busca reconocimiento humano.

Es posible levantar templos, estructuras, sedes y proyectos... creyendo que son ofrendas a Dios, cuando en el fondo son monumentos a nuestra propia imagen.

La honra falsa es sutil.

No grita.

No se anuncia.

No se presenta como orgullo.

Se disfraza de devoción, de sacrificio, de visión, de expansión... Pero respira vanidad.

Habla el lenguaje de la fe... pero respira el aire del ego.

Y así, sin darnos cuenta, podemos terminar haciendo lo correcto... por la razón equivocada.

Podemos terminar edificando estructuras... mientras descuidamos personas.

Podemos terminar levantando templos... mientras no levantamos discípulos.

Por eso Dios pregunta:

"Hijos de los hombres, ¿hasta cuándo volveréis mi honra en infamia, Amaréis la vanidad, y buscaréis la mentira? Selah"
(Salmos 4:2)

Es una pregunta que atraviesa los siglos y llega hasta la Iglesia de hoy.

Porque la verdadera honra no se mide por lo que construimos, sino por a quién apuntan nuestras obras.

No se mide por el tamaño del templo, sino por la profundidad del corazón.

No se mide por la expansión del ministerio, sino por la expansión del Reino dentro de las personas.

Y es aquí donde este capítulo se vuelve necesario: para discernir si lo que hacemos realmente honra a Dios...o si, sin darnos cuenta, nos está honrando a nosotros mismos.

Y aquí nace la segunda paradoja de una Iglesia:

"Una Iglesia que nació para honrar a Dios edificando personas... terminó honrándose a sí misma construyendo templos"

LA HONRA... En Cesárea de Filipo

Una de las características más llamativas de Cesárea de Filipo es que fue una ciudad realizada para honrar. Felipe el Tetrarca la reconstruyó y embelleció para rendir homenaje a César Augusto.

No fue un acto espiritual. No fue un acto de fe. Fue un acto político, estratégico, calculado.

La ciudad misma era una ofrenda. Un tributo. Una forma de decir:

"César, te honro. César, te reconozco. César, te exalto."

LA HONRA... Equivocada

Cuando una ciudad se construye para honrar a un hombre, esa ciudad se convierte en un monumento a la gloria humana. Eso era Cesárea de Filipo: una ciudad que existía para exaltar a un líder político.

Y si yo traslado ese concepto a la Iglesia, corro un peligro enorme: creer que honro a Dios construyendo estructuras materiales.

Muchos líderes han caído en esta trampa sin darse cuenta.

Confunden honra con construcción.

Confunden devoción con arquitectura.

Confunden obediencia con expansión física.

Y así, sin querer, terminan edificando templos...pero no edificando personas.

CUANDO LA HONRA... *se vuelve Orgullo*

Hay líderes que sienten un orgullo silencioso y a veces no tan silencioso, al decir:

"He construido muchas iglesias hijas."

"Esta es la iglesia madre."

"Tenemos tantas sedes."

"Estamos expandiendo el ministerio."

Pero detrás de esas frases, muchas veces, no hay honra a Dios.

- Hay honra a sí mismos.
- Hay un deseo de reconocimiento.
- Hay una necesidad de validación.
- Hay un impulso de construir un legado... pero no el legado de Cristo.

Y así, la estructura física se convierte en su dios:

➢ Un dios que tiene hijos.

➢ Un dios que consume recursos.

➢ Un dios que exige sacrificios.

➢ Un dios que demanda tiempo, dinero y atención.

➢ Un dios que desplaza al Dios verdadero.

LA MISMA HISTORIA… *Repetida en Dos Mundos*

Durante siglos, muchos protestantes e incrédulos han criticado a la Iglesia Católica por su énfasis en lo material: catedrales, basílicas, monumentos, ornamentos, estructuras gigantescas.

Pero…en estos días……

¿no está sucediendo lo mismo en la Iglesia Protestante?

¿No se está repitiendo el mismo error… pero solo con otro nombre?

✓ Templos enormes

✓ Auditorios costosos

✓ Luces, pantallas, escenarios

✓ Estructuras que impresionan

✓ Edificios que consumen más que lo que producen

✓ Líderes que se enorgullecen de lo visible

✓ Creyentes que se pierden en lo invisible

La historia se repite…

La paradoja se mantiene…

La honra se distorsiona…

LA VERDADERA HONRA... *que Dios Busca*

La honra que Dios recibe no está en el tamaño del templo. Está en el tamaño del corazón.

La honra que Dios recibe no está en la cantidad de sedes. Está en la calidad de los discípulos.

La honra que Dios recibe no está en la expansión física. Está en la expansión del Reino dentro de las personas.

Honro a Dios cuando:

* ❖ Evangelizo
* ❖ Discípulo
* ❖ Acompaño
* ❖ Enseño
* ❖ Cuido
* ❖ Levanto
* ❖ Restauro
* ❖ Escucho
* ❖ Sirvo
* ❖ Amo

Honro a Dios cuando edifico vidas, no edificios.

Honro a Jesucristo cuando proclamo su evangelio, no cuando inauguro una estructura.

Honro al Espíritu Santo cuando permito que Él transforme corazones, no cuando transformo un auditorio.

LA HONRA...*que NO Honra*

Muchos líderes se autoengañan creyendo que honran a Dios porque "han expandido el ministerio".

Pero en realidad, lo que han expandido es su franquicia religiosa:

- Para ellos, las personas son números.
- Las congregaciones son sucursales.
- Los creyentes son estadísticas.
- Los templos son trofeos.

Y cuando alguien entra o sale de la congregación, no importa. Lo que importa es que el edificio esté lleno.

Pero Dios no honra eso.

Dios no respalda eso.

Dios no se complace en eso.

Porque Jesús, no murió por templos….

Murió por personas.

LA PREGUNTA QUE REVELA EL CORAZÓN

Si Jesús estuviera hoy frente a un líder, quizás le preguntaría:

¿Por qué preferiste construir un templo antes que construir un discípulo?

¿Por qué invertiste en luces antes que en alimento para el necesitado?

¿Por qué dedicaste más tiempo a la estructura que a las personas?

¿Por qué te enorgullece un edificio, pero no te duele un alma perdida?

¿En qué momento tu honra se volvió humana y no divina?

Estas preguntas no son condenación... Son una invitación a volver.

LA HONRA... *que Transforma*

La verdadera honra no se mide en metros cuadrados. Se mide en vidas cambiadas.

La verdadera honra no se ve en la fachada del templo. Se ve en la transformación del creyente.

La verdadera honra no se expresa con inauguraciones. Se expresa con lágrimas de arrepentimiento, con abrazos de restauración, con testimonios de libertad.

La verdadera honra no se construye con cemento. Se construye con amor.

LA PARADOJA REVELADA

Cesárea de Filipo fue una ciudad construida para honrar al Emperador Cesar, quien era considerado un dios.

La Iglesia es edificada por Cristo para Honrar AL UNICO DIOS CREADOR.

La Segunda Paradoja es Clara:

"Una Iglesia que nació para honrar a Dios edificando personas... terminó honrándose a sí misma construyendo templos"

Capítulo 5

EL OTORGAMIENTO
Lo que viene del Imperio y Lo que viene del Reino

"Cuando estaba con ellos en el mundo, yo los guardaba en tu nombre; a los que me diste, yo los guardé, y ninguno de ellos se perdió, sino el hijo de perdición, para que la Escritura se cumpliese."
(Juan 17:12)

Cuando Jesús habló con el Padre en Juan 17, reveló algo que muy pocos consideran:

las almas no eran suyas… le fueron otorgadas.

Y porque le fueron otorgadas, Él las cuidó con una responsabilidad perfecta.

No las usó para engrandecerse.

No las manipuló para obtener reconocimiento.

No las trató como propiedad personal.

Las trató como un tesoro ajeno confiado a su cuidado.

Cuando alguien recibe algo de alguien superior, la verdadera respuesta no es orgullo… es reverencia.

No es exaltación… es humildad.

No es dominio… es servicio.

El que recibe algo sagrado no se siente dueño, se siente encargado.

No dice: *"Miren lo que tengo."*

Dice: *"Miren lo que me confiaron."*

Por eso Jesús pudo decir:

"A los que me disté, yo los guardé."

Esa frase es el corazón del Reino. Es la esencia del otorgamiento divino.

Es la diferencia entre recibir algo para administrarlo... y recibir algo para presumirlo.

Y aquí nace la tensión espiritual del capítulo:

¿Qué hace la Iglesia con lo que Dios le otorga?

¿Guarda almas... o acumula ladrillos?

¿Protege vidas... o presume estructuras?

¿Administra lo eterno... o exhibe lo visible?

Porque cuando Dios otorga, lo hace para propósito.

Pero cuando el mundo otorga, lo hace para conveniencia.

Y cuando la Iglesia confunde estos dos otorgamientos, pierde su esencia.

Jesús recibió almas del Padre... y las guardó.

El imperio otorgó ciudades a hombres... y ellos las usaron para su gloria.

Y aquí nace la tercera paradoja:

"Una Iglesia que recibió de Dios el otorgamiento de almas... terminó aceptando del mundo el otorgamiento de ladrillos"

La Iglesia debe decidir a cuál modelo se parece.

UNA CIUDAD... *otorgada por Hombres*

Cesárea de Filipo no solo fue reconstruida para honrar a César. También fue otorgada por el emperador a Herodes, y luego administrada por Felipe. Era una ciudad que existía porque el imperio así lo decidió.

Una ciudad que dependía de la voluntad de un gobernante humano, una ciudad cuyo origen estaba marcado por concesiones políticas, no por propósitos divinos.

Cesárea de Filipo era un regalo político. Un territorio entregado por conveniencia. Un acto de poder vertical: el imperio concede, el subordinado recibe.

Su existencia dependía de:

> ➤ decisiones humanas
> ➤ intereses políticos
> ➤ alianzas estratégicas
> ➤ favores imperiales
> ➤ estructuras de poder

Era una ciudad que no nació del corazón de Dios, sino del sistema del mundo.

Y Jesús llevó a sus discípulos allí… para ensenarles lo que no ocurriría con su Iglesia.

LA IGLESIA… *NO es Otorgada por Hombres*

En contraste, la Iglesia que Jesús menciona en Mateo 16 no es un proyecto humano.

> ➤ No es una concesión del sistema.
> ➤ No es un permiso del imperio.
> ➤ No es una estructura aprobada por autoridades terrenales.

Jesús **NO** dijo:

"Ustedes edificarán mi Iglesia."

"El imperio permitirá mi Iglesia."

"Los líderes religiosos administrarán mi Iglesia."

Jesús dijo:

"Yo edificaré mi Iglesia."

La Iglesia no es otorgada por hombre.

Es originada.

Es nacida.

Es establecida.

Es fundada por Cristo mismo.

No depende de:

- ❖ gobiernos
- ❖ permisos
- ❖ estructuras
- ❖ denominaciones
- ❖ instituciones
- ❖ jerarquías humanas

La Iglesia depende de Cristo, no del imperio.

EL PELIGRO DE UNA IGLESIA... *que Busca Aprobación Humana*

Cuando la Iglesia olvida su origen divino, comienza a comportarse como Cesárea de Filipo:

- ❖ busca aprobación
- ❖ busca reconocimiento
- ❖ busca validación
- ❖ busca permisos
- ❖ busca alianzas
- ❖ busca respaldo humano

Y cuando eso ocurre, la Iglesia deja de ser Iglesia...y se convierte en una institución más del sistema.

Una Iglesia que necesita ser "otorgada" por hombres pierde su autoridad espiritual. Pierde su identidad. Pierde su esencia.

Porque la Iglesia no fue creada para agradar al imperio. Fue creada para manifestar el Reino.

LO QUE VIENE DEL IMPERIO VS. LO QUE VIENE DEL REINO

Lo que viene del imperio:

- depende de favores
- se sostiene con poder humano
- se administra con estrategias políticas
- se construye con recursos terrenales
- se mantiene por conveniencia
- se derrumba cuando cambia el sistema

Lo que viene del Reino:

- ✓ nace del Espíritu
- ✓ se sostiene por la Palabra
- ✓ se administra con sabiduría divina
- ✓ se construye con vidas transformadas
- ✓ se mantiene por propósito
- ✓ permanece para siempre

El imperio otorga… El Reino establece.

El imperio concede… El Reino revela.

El imperio construye ciudades… El Reino edifica personas.

LA IGLESIA NO NECESITA... *Permisos para Existir*

Jesús no pidió autorización para edificar su Iglesia.

- ✓ No consultó al Sanedrín.
- ✓ No pidió permiso a Roma.
- ✓ No buscó aprobación de líderes religiosos.
- ✓ No esperó validación institucional.

La Iglesia nació en un aposento alto... no en un palacio.

- ➢ Nació con fuego, no con permisos.
- ➢ Nació con poder, no con estructuras.
- ➢ Nació con el Espíritu, no con el imperio.

Y desde entonces, la Iglesia verdadera nunca ha necesitado autorización humana para cumplir su propósito.

LA PREGUNTA QUE REVELA... *la Dependencia*

Hoy debemos preguntarnos:

¿Nuestra Iglesia depende del Reino... o del imperio?

¿Dependemos de:

- recursos humanos
- estrategias de marketing
- estructuras institucionales
- permisos y alianzas
- reconocimiento social
- validación externa

o dependemos del Espíritu Santo?

Una Iglesia que depende del imperio se vuelve frágil.

Una Iglesia que depende del Reino se vuelve imparable.

LA PARADOJA REVELADA

Cesárea de Filipo existía porque el imperio la otorgó.

La Iglesia existe porque Cristo la estableció.

La Tercera Paradoja es esta:

**"Una Iglesia que recibió de Dios el otorgamiento de almas...
terminó buscando autorizaciones del hombre para recibirlas"**

Capítulo 6

LA CONSAGRACION Y EL ALIMENTO
Al dios "Pan" o al "Pan de Vida"

"Jesús les dijo: Yo soy el pan de vida; el que a mí viene, nunca tendrá hambre; y el que en mí cree, no tendrá sed jamás."
(Juan 6:35)

La consagración es un acto sagrado. No es solo separar algo para Dios; es reconocer que aquello ya no nos pertenece.

Lo consagrado se cuida. Lo consagrado se respeta. Lo consagrado se protege. Lo consagrado se alimenta con lo que viene de Dios, no con lo que ofrece el mundo.

Cuando algo o alguien es consagrado, la actitud del corazón cambia.

No se actúa con ligereza.

No se manipula.

No se usa para beneficio propio.

Se administra con temor reverente, porque lo consagrado es propiedad divina.

Por eso, cuando Jesús dijo: *"Yo soy el pan de vida"*, no estaba ofreciendo una metáfora bonita. Estaba estableciendo una verdad espiritual: la Iglesia solo puede vivir si se alimenta de Él.

Una iglesia consagrada a Cristo se alimenta de Cristo.

Una iglesia consagrada a otra cosa... se alimenta de otra cosa.

Y aquí aparece la conexión profunda entre consagración y alimento:

lo que consagras determina lo que comes.

Y lo que comes determina lo que eres.

Si una iglesia se consagra a Cristo, su alimento será:

- ✓ Su Palabra
- ✓ Su presencia
- ✓ Su carácter
- ✓ Su ejemplo
- ✓ Su Espíritu
- ✓ Su verdad

Y ese alimento produce vida, madurez, fruto, transformación.

Pero si una iglesia se consagra a:

- métodos
- emociones
- espectáculos
- discursos humanos
- tradiciones
- sistemas
- personalidades

entonces su alimento será tan vacío como aquello a lo que se consagró.

Porque la consagración define la fuente, y la fuente define la salud espiritual.

Una iglesia puede tener un templo hermoso, pero si no está consagrada al Pan de Vida, estará espiritualmente desnutrida.

Puede tener un líder carismático, pero si no se alimenta de Cristo, estará espiritualmente vacía.

Puede tener actividades constantes, pero si no bebe del Espíritu, estará espiritualmente muerta.

La consagración determina el alimento. Y el alimento determina la vida.

Y de aquí nace la cuarta paradoja:

"Una Iglesia que nació del Pan de Vida... termina dejando a sus hijos desnutridos y sin pan"

EN CESAREA DE FILIPO... *tenían un dios llamado PAN*

Antes de ser llamada Cesárea de Filipo, aquella región era conocida como Paneas, en honor al dios griego Pan. Pan era el dios de la naturaleza, de los rebaños, de la fertilidad... pero también del miedo.

De su nombre proviene la palabra pánico.

En ese lugar había un santuario dedicado a él.

Un lugar donde se ofrecían sacrificios.

Un lugar donde la gente buscaba alimento espiritual… pero lo recibía de una fuente equivocada.

UNA CIUDAD CONSAGRADA… *al dios Pan*

Paneas era un territorio marcado por la idolatría.

La gente acudía allí para:

- ❖ pedir fertilidad
- ❖ buscar protección
- ❖ ofrecer sacrificios
- ❖ recibir "bendiciones"
- ❖ obtener respuestas espirituales

Pero todo eso provenía de un dios falso.

- Un dios que no hablaba.
- Un dios que no salvaba.
- Un dios que no transformaba.
- Un dios que no alimentaba el alma.

Era una consagración vacía.

Una devoción sin vida.

Una espiritualidad sin verdad.

Y Jesús llevó a sus discípulos allí, para que aprendieran a discernir.

LA IGLESIA TAMBIÉN SE CONSAGRA... *pero ¿a quién?*

Toda iglesia está consagrada a algo. La pregunta no es si está consagrada, sino a quién.

Una iglesia puede consagrarse:

- a Cristo
- a una doctrina
- a un líder
- a una tradición
- a una estructura
- a un sistema
- a un estilo
- a un método
- a una visión humana

La consagración define el alimento. Y el alimento define la salud espiritual.

Por eso Jesús dijo:

"Jesús les dijo: Yo soy el pan de vida; el que a mí viene, nunca tendrá hambre; y el que en mí cree, no tendrá sed jamás."
(Juan 6:35)

La Iglesia no puede alimentarse de otra cosa.

➢ No puede nutrirse de estrategias humanas.
➢ No puede vivir de motivación emocional.
➢ No puede sostenerse con entretenimiento religioso.
➢ No puede crecer con discursos vacíos.

La Iglesia solo vive cuando se alimenta de Cristo.

EL ALIMENTO... *que NO Sacia*

En Cesárea de Filipo, la gente buscaba alimento espiritual en el santuario de Pan.

Pero ese alimento no saciaba. No transformaba. No daba vida.

Era un alimento que producía:

- ❖ dependencia
- ❖ superstición
- ❖ miedo
- ❖ confusión
- ❖ vacío

Y hoy, muchas iglesias están alimentando a sus congregaciones con un "Pan" moderno:

- ❖ mensajes motivacionales sin profundidad
- ❖ enseñanzas centradas en el hombre
- ❖ discursos que exaltan al líder
- ❖ entretenimiento disfrazado de adoración
- ❖ actividades sin propósito
- ❖ programas sin presencia
- ❖ estrategias sin Espíritu

Ese alimento no sacia.

No transforma.

No produce vida eterna.

Es un alimento que llena el templo... pero no llena el corazón.

EL PAN DE VIDA... *el Alimento que Transforma*

"Jesús les dijo: Yo soy el pan de vida; el que a mí viene, nunca tendrá hambre; y el que en mí cree, no tendrá sed jamás."
(Juan 6:35)

El Pan de Vida:

- ✓ restaura
- ✓ sana
- ✓ libera
- ✓ transforma
- ✓ ilumina
- ✓ fortalece
- ✓ sostiene
- ✓ da vida eterna

Cuando una iglesia se alimenta de Cristo, se nota.

- ❖ Hay fruto.
- ❖ Hay madurez.
- ❖ Hay amor.
- ❖ Hay unidad.
- ❖ Hay crecimiento espiritual.
- ❖ Hay transformación real.

No necesita adornos.

No necesita espectáculo.

No necesita manipulación.

Solo necesita a Cristo.

LA PREGUNTA QUE REVELA… *la Consagración*

Si Jesús estuviera hoy frente a una congregación, quizás preguntaría:

¿A quién está consagrada esta iglesia?

¿De qué se están alimentando mis ovejas?

¿Qué pan están ofreciendo desde el púlpito?

¿Qué espíritu está guiando sus reuniones?

¿Qué voz están escuchando?

¿Qué fuente están bebiendo?

Porque una iglesia puede tener un templo hermoso… y estar espiritualmente desnutrida.

Puede tener un líder carismático… y estar espiritualmente vacía.

Puede tener actividades constantes… y estar espiritualmente muerta.

La consagración determina el alimento. Y el alimento determina la vida.

LA PARADOJA REVELADA

Cesárea de Filipo estaba consagrada al dios Pan, un dios que no alimentaba.

La Iglesia debe estar consagrada al Pan de Vida, el único que sacia.

La Cuarta Paradoja es esta:

"Una Iglesia que nació del Pan de Vida... termina dejando a sus hijos desnutridos y sin pan."

Capítulo 7

LA ZONA FERTIL
La Tierra Productiva Vs El Fruto Espiritual

"Mas el que fue sembrado en buena tierra, este es el que oye y entiende la palabra, y da fruto; y produce a ciento, a sesenta, y a treinta por uno."
(Mateo 13:23)

La tierra fértil siempre ha sido un símbolo de esperanza.

Cuando un agricultor encuentra un terreno suave, profundo y húmedo, sabe que allí puede sembrar con confianza.

La buena tierra promete cosecha. Promete fruto. Promete vida.

Pero la fertilidad no es un accidente. La tierra fértil es tierra trabajada. Tierra arada. Tierra removida. Tierra que ha sido abierta por la mano del agricultor para recibir la semilla.

Y así como el agricultor prepara la tierra con el arado, Dios prepara el corazón con Su Palabra.

La predicación sana, la exposición fiel de las Escrituras, la confrontación amorosa en contra del pecado… todo eso es el arado espiritual que rompe la dureza del corazón y lo hace capaz de recibir la semilla del Reino.

Porque un corazón sin arado puede parecer fértil por fuera… pero ser infértil por dentro.

Puede tener apariencia de vida… pero no producir fruto.

Puede tener movimiento... pero no transformación.

Y aquí surge una verdad incómoda: muchas iglesias evitan el arado porque temen perder la "fertilidad" natural que aparentan tener.

Cuando una congregación depende de favores humanos, de influencias, de donantes, de figuras prominentes, de aplausos o de aprobación social, le costará confrontar el pecado.

Porque confrontar implica riesgo.

Implica que algunos se ofendan.

Implica que otros se vayan.

Implica que ciertos "benefactores" retiren su apoyo.

Y hay líderes que, sin querer admitirlo, valoran más los favores que las almas.

Prefieren mantener la tierra "bonita" antes que permitir que Dios la aré.

Prefieren conservar la apariencia de fertilidad antes que buscar el fruto verdadero.

Prefieren sembrar en lo material antes que permitir que el Espíritu siembre en lo profundo.

Pero la verdad es esta:

- ✓ Sin arado no hay fruto.
- ✓ Sin confrontación no hay transformación.
- ✓ Sin Palabra no hay vida.

✓ Sin arrepentimiento no hay cosecha.

La tierra fértil no es la que parece buena... es la que ha sido trabajada por Dios.

Y la Iglesia fértil no es la que tiene movimiento... es la que tiene raíces.

Y aquí nace la quinta paradoja:

"Una Iglesia con terreno fértil para el Espíritu... terminó sembrando en lo material."

Cesárea de Filipo era conocida por su fertilidad. La región estaba rodeada de vegetación abundante, tierras productivas y una fuente de agua que alimentaba al río Jordán.

Era un lugar naturalmente próspero, donde la tierra respondía con generosidad a cualquier semilla.

A simple vista, era un territorio bendecido. Un lugar donde todo parecía florecer.

Pero Jesús llevó a sus discípulos allí para mostrarles algo más profundo: la fertilidad natural no garantiza fruto espiritual.

UNA TIERRA FÉRTIL... *pero Espiritualmente Estéril*

Cesárea de Filipo tenía:

✓ agua
✓ vegetación
✓ vida natural
✓ prosperidad visible

✓ belleza externa
✓ productividad agrícola

Pero espiritualmente, era un desierto.

Había templos… pero no había presencia.

Había sacrificios… pero no había transformación.

Había rituales… pero no había verdad.

Había devoción… pero no había vida eterna.

Era un lugar fértil en lo natural…y estéril en lo espiritual.

LA IGLESIA TAMBIÉN PUEDE SER FÉRTIL… *pero NO Fructífera*

Hoy muchas iglesias parecen fértiles:

✓ templos llenos
✓ actividades constantes
✓ programas variados
✓ ministerios numerosos
✓ eventos semanales
✓ movimiento continuo
✓ crecimiento visible

Pero cuando se examina el fruto espiritual… la historia cambia. Porque una iglesia puede tener:

❖ mucha actividad… y poca transformación
❖ mucha asistencia… y poca madurez
❖ mucho ruido… y poca profundidad

❖ mucha emoción… y poca convicción
❖ mucha estructura… y poca presencia
❖ mucha siembra… y poca cosecha

La fertilidad natural no es garantía de fruto espiritual.

EL FRUTO… *que Jesús Busca*

Jesús no busca actividad… Busca fruto:

"En esto es glorificado mi Padre, en que llevéis mucho fruto, y seáis así mis discípulos."
(Juan 15:8)

El fruto que Jesús espera no es:

- números
- estadísticas
- seguidores
- edificios
- programas
- eventos

El fruto que Jesús espera es:

✓ arrepentimiento
✓ transformación
✓ carácter
✓ amor
✓ unidad
✓ santidad
✓ madurez

✓ obediencia
✓ servicio
✓ compasión

Ese es el fruto del Espíritu.

Ese es el fruto del Reino.

Ese es el fruto que permanece.

LA ILUSIÓN... *de la Fertilidad*

Una iglesia puede parecer fértil porque:

- tiene dinero
- tiene gente
- tiene recursos
- tiene talento
- tiene tecnología
- tiene influencia
- tiene visibilidad

Pero nada de eso garantiza fruto espiritual.

La fertilidad natural puede engañar.

Puede crear una ilusión de éxito.

Puede hacer creer que todo está bien... cuando en realidad no lo está.

Cesárea de Filipo era fértil. Pero estaba consagrada a dioses falsos. Y su fertilidad no producía vida eterna.

EL FRUTO ESPIRITUAL NO DEPENDE DE RECURSOS... *sino de Raíces*

Jesús enseñó:
> *"Separados de mí, nada podéis hacer."*
> (Juan 15:5)

El fruto espiritual no nace de:

- estrategias
- métodos
- estructuras
- programas
- creatividad humana

El fruto espiritual nace de:

- ✓ permanecer en Cristo
- ✓ escuchar su voz
- ✓ obedecer su Palabra
- ✓ caminar en el Espíritu
- ✓ vivir en santidad
- ✓ amar como Él amó

Una iglesia puede tener pocos recursos... y mucho fruto.

Y puede tener muchos recursos... y ningún fruto.

Todo depende de las raíces.

LA PREGUNTA QUE REVELA... *la Verdad*

Si Jesús visitara hoy una congregación, quizás preguntaría:

¿Qué fruto están produciendo? ¿Qué familias están siendo sanadas?

¿Qué vidas están siendo transformadas? ¿Qué corazones están siendo restaurados?

¿Qué carácter está siendo moldeado? ¿Qué impacto espiritual están dejando?

¿Qué discípulos están siendo formados?

Porque el fruto espiritual no se mide en fertilidad natural... Se mide en transformación eterna.

LA PARADOJA REVELADA

Cesárea de Filipo era fértil en lo natural, pero estéril en lo espiritual.

La Iglesia debe ser fértil en lo espiritual, aunque no siempre lo sea en lo natural.

La Quinta Paradoja es esta:

"Una Iglesia con terreno fértil para el Espíritu... terminó sembrando en lo material."

Capítulo 8

DEDICACION Y LEALTAD
Fidelidad al Sistema o Fidelidad a Cristo

"Respondiendo Pedro y los apóstoles, dijeron: Es necesario obedecer a Dios antes que a los hombres."
(Hechos 5:29)

La historia de la Iglesia comenzó en tensión.

No nació en un ambiente cómodo, ni en un clima favorable, ni bajo la aprobación del sistema religioso o político.

Nació en conflicto.

Nació en choque.

Nació en fricción entre dos lealtades: la lealtad al Reino de Dios y la lealtad a los hombres.

Desde los primeros días, los apóstoles tuvieron que decidir a quién obedecer.

- ❖ Las autoridades religiosas les ordenaron callar.
- ❖ El sistema político les exigió someterse.
- ❖ La estructura dominante les prohibió predicar.

Pero ellos respondieron con una frase que marcó para siempre la identidad de la Iglesia:

"Es necesario obedecer a Dios antes que a los hombres."

Esa declaración no fue un eslogan.

Fue una sentencia de muerte.

Fue una renuncia al sistema.

Fue una confesión de lealtad absoluta a Cristo.

Fue la evidencia de que la Iglesia estaba dedicada a Dios, no al imperio, no a la religión, no a la tradición, no a la institución.

Porque cuando algo está dedicado a alguien, se defiende frente a cualquier circunstancia.

Cuando algo pertenece a Dios, se protege con valentía.

Cuando una obra es de Cristo, se mantiene firme, aunque el sistema presione, amenace o seduzca.

La lealtad verdadera siempre se revela en la tensión.

No cuando todo está en paz, sino cuando obedecer a Dios implica desobedecer al sistema.

No cuando seguir a Cristo es cómodo, sino cuando seguirlo cuesta reputación, posición, influencia o seguridad.

Y aquí surge la pregunta que atraviesa este capítulo:

¿A quién pertenece realmente la Iglesia?

¿A Cristo… o al sistema que la sostiene?

¿A la voz del Espíritu… o a la voz de la institución?

¿A la verdad… o a la conveniencia?

¿A la obediencia... o a la aprobación?

Los apóstoles lo tuvieron claro.

Su lealtad no estaba en el templo, ni en el Sanedrín, ni en Roma.

Su lealtad estaba en Cristo.

Y esa lealtad definió su destino, su mensaje, su valentía y su fruto.

Hoy, la tensión sigue siendo la misma.

La única diferencia es que ahora muchos líderes han aprendido a convivir con el sistema... y a llamarlo "honra", "orden", "visión" o "estructura".

Pero la pregunta sigue siendo la misma:

¿A quién eres realmente leal?

Y aquí nace la sexta paradoja:

"Una Iglesia dedicada a Dios... terminó siendo más leal al sistema que a Él.

CESAREA DE FILIPO... *Una muestra de Lealtad de Felipe*

Cesárea de Filipo no solo era una ciudad reconstruida, embellecida, fértil y consagrada a dioses falsos. También era una ciudad que existía como un acto de lealtad.

Felipe la dedicó a César Augusto para demostrar su fidelidad al imperio.

Era una declaración pública:

"Mi lealtad está con Roma."

UNA CIUDAD DEDICADA... *al Imperio*

La reconstrucción de Cesárea de Filipo no fue un gesto inocente. Fue un mensaje político. Una forma de asegurar poder, influencia y estabilidad.

Una manera de decir:

"Estoy con ustedes."

"Soy leal al sistema."

"Pueden confiar en mí."

La ciudad era un monumento a la lealtad humana. Una ofrenda al poder terrenal. Una declaración de fidelidad al sistema dominante.

LA IGLESIA TAMBIÉN DECLARA LEALTAD... *pero ¿a quién?*

Toda iglesia declara lealtad a algo. La pregunta no es si es leal, sino a quién.

Una iglesia puede ser leal a:

- Cristo
- un líder
- una denominación
- una tradición
- un sistema
- una estructura
- una visión humana
- una cultura religiosa
- una agenda institucional

La lealtad define la dirección... Y la dirección define el destino.

Por eso Jesús dijo:

"Ninguno puede servir a dos señores; porque o aborrecerá al uno y amará al otro, o estimará al uno y menospreciará al otro. No podéis servir a Dios y a las riquezas."
(Mateo 6:24)

La Iglesia no puede ser leal al Reino...y al mismo tiempo leal al sistema.

CUANDO LA LEALTAD... *se Desvía*

Muchos líderes comienzan bien. Comienzan con pasión por Cristo. Con amor por las almas. Con deseo de servir.

Pero con el tiempo, la lealtad se desplaza:

- hacia la estructura

- hacia la denominación
- hacia la tradición
- hacia el reconocimiento
- hacia la posición
- hacia el sistema que los sostiene

Y sin darse cuenta, terminan siendo más fieles a lo que construyeron… que a Aquel que los llamó.

Más fieles a su ministerio… que al Señor del ministerio.

Más fieles a su agenda… que a la agenda del Reino.

EL SISTEMA EXIGE LEALTAD… *Cristo También*

El sistema religioso exige:

❖ obediencia ciega
❖ alineación institucional
❖ sumisión a estructuras
❖ fidelidad a la organización
❖ defensa de la marca
❖ protección del nombre
❖ mantenimiento del orden interno

Cristo exige:

✓ obediencia a su Palabra
✓ sumisión al Espíritu
✓ fidelidad al Reino
✓ amor por las personas
✓ integridad del corazón
✓ servicio humilde

✓ disposición a perderlo todo

El sistema dice:

"Sé leal a nosotros."

Cristo dice:

"Sígueme."

LA LEALTAD... *que Dios Honra*

Dios no honra la lealtad institucional... Honra la lealtad espiritual.

Dios no honra la fidelidad a un sistema... Honra la fidelidad a su Hijo.

Dios no honra la defensa de una estructura... Honra la defensa de la verdad.

Dios no honra la protección de una marca religiosa... Honra la protección de las ovejas.

Dios no honra la lealtad a un líder humano... Honra la lealtad al Cordero.

LA PREGUNTA QUE REVELA... *el Corazón*

Si Jesús estuviera hoy frente a un líder, quizás preguntaría:

¿A quién eres realmente leal?

¿A quién obedeces cuando nadie te ve?

¿A quién escuchas cuando hay conflicto?

¿A quién sirves cuando hay presión?

¿A quién honras cuando hay riesgo?

¿A quién temes perder: al sistema o a mí?

Porque la lealtad verdadera se revela en la tensión.

En el conflicto.

En la prueba.

En la decisión difícil.

LA FIDELIDAD... *que Transforma*

Una iglesia fiel a Cristo:

- ✓ ama la verdad
- ✓ cuida a las personas
- ✓ no manipula
- ✓ no controla
- ✓ no teme perder miembros
- ✓ no teme perder prestigio
- ✓ no teme perder recursos
- ✓ teme perder la presencia de Dios

Una iglesia fiel al sistema:

- • protege su imagen

- cuida su estructura
- teme al conflicto
- teme a la crítica
- teme a la pérdida
- teme a la transparencia
- no teme a la voz del Espíritu

La fidelidad determina el fruto.

La fidelidad determina la salud.

La fidelidad determina el destino.

LA PARADOJA REVELADA

Cesárea de Filipo fue dedicada al imperio para demostrar lealtad.

La Iglesia debe ser dedicada a Cristo para demostrar fidelidad.

La Sexta Paradoja es esta:

"Una Iglesia dedicada a Dios... terminó siendo más leal al sistema que a Él.

Capítulo 9

EL GRAN TEMPLO
Estructura que Impresiona Vs. Vidas que Transforman

"Cuando Jesús salió del templo y se iba, se acercaron sus discípulos para mostrarle los edificios del templo. Respondiendo él, les dijo: ¿Veis todo esto? De cierto os digo, que no quedará aquí piedra sobre piedra, que no sea derribada."
(Mateo 24:1-2)

Cuando Jesús salió del templo y sus discípulos le mostraron la grandeza de aquella estructura, Él no se impresionó.

No admiró la arquitectura.

No celebró la magnitud.

No elogió la obra humana.

Jesús miró el templo más imponente del primer pacto... y anunció su caída.

¿Por qué?

Porque Jesús sabía que había llegado el tiempo del nuevo pacto, donde el templo físico sería reemplazado por el templo vivo.

Todo lo que el antiguo pacto enseñó era una sombra; Cristo era la imagen.

Todo lo que el templo representaba era un anuncio; Cristo era el cumplimiento.

El templo de piedra estaba destinado a desaparecer... porque el verdadero templo estaba por levantarse:

un cuerpo, un pueblo, una Iglesia hecha de personas, no de bloques.

Y aquí surge una pregunta inevitable:

> ➢ sí Jesús sabía que las multitudes serían parte del Reino...

> ➢ sí Jesús alimentó a cinco mil hombres sin contar mujeres y niños...

> ➢ sí Jesús reunió miles sin necesidad de un edificio...

> ➢ sí Jesús, siendo compasivo, nunca construyó un templo...

¿por qué nosotros creemos que la solución para las multitudes es levantar estructuras?

Los apóstoles tampoco construyeron templos.

Comenzaron con 120 en un aposento alto...y en un solo día se añadieron 3,000 personas.

Tenían número.

Tenían crecimiento.

Tenían multitudes.

Pero no tenían templos.

¿Por qué?

Porque entendieron lo que Jesús les enseñó:

la Iglesia no se edifica con piedra... se edifica con personas.

El templo físico no era el proyecto del Reino; el templo vivo sí.

La pregunta no es si los templos pueden ser útiles como lugares de reunión.

La pregunta es:

¿cuándo se convirtieron en el centro?

¿Cuándo pasaron de ser herramientas... a ser trofeos?

¿Cuándo dejamos de discipular vidas... para impresionar con bloques?

¿Cuándo la estructura tomó el lugar del cuerpo?

Jesús no dejó templos.

Dejó discípulos.

Y esos discípulos transformaron el mundo sin una sola pared.

Y aquí nace la séptima paradoja:

"Una Iglesia que nació discipulando almas para Dios sin un bloque... terminó levantando grandes templos para impresionar con bloques y sin discipular almas"

EL TEMPLO... *en Cesárea de Filipo*

En Cesárea de Filipo se levantaba un templo imponente dedicado a César Augusto. Era una obra arquitectónica majestuosa, diseñada para inspirar reverencia, admiración y obediencia.

Un templo que proclamaba la grandeza del imperio y la divinidad del emperador.

Era un templo que impresionaba... pero no transformaba.

EL TEMPLO... *que Impresionaba a Todos*

El templo a César era:

- ➢ grande
- ➢ hermoso
- ➢ sólido
- ➢ visible desde lejos
- ➢ símbolo de poder
- ➢ orgullo del imperio
- ➢ centro de actividad religiosa

Era una estructura diseñada para comunicar un mensaje claro:

"Aquí está el poder"

"Aquí está la autoridad"

"Aquí está la grandeza"

Pero detrás de toda esa magnificencia, había un vacío espiritual absoluto.

- ✓ No había vida.
- ✓ No había verdad.
- ✓ No había presencia.
- ✓ No había transformación.

Solo piedra… Solo forma… Solo apariencia.

LA IGLESIA MODERNA… *y su Obsesión con lo Visible*

Hoy, muchas iglesias han caído en la misma trampa:

- ❖ templos enormes
- ❖ auditorios espectaculares
- ❖ escenarios profesionales
- ❖ luces, pantallas y efectos
- ❖ estructuras que impresionan
- ❖ edificios que se convierten en trofeos

Y aunque nada de eso es malo en sí mismo, se vuelve peligroso cuando se convierte en el centro.

Cuando la Iglesia se obsesiona con lo visible, inevitablemente descuida lo invisible.

Cuando se enfoca en la estructura, descuida el espíritu.

Cuando se dedica al templo, abandona al cuerpo.

Y así, sin darse cuenta, termina pareciéndose más a Cesárea de Filipo… que a la Iglesia de Cristo.

EL TEMPLO… *NO es la Iglesia*

Jesús nunca dijo:

"Edificaré templos."

"Construiré auditorios."

"Levantaré estructuras."

"Fundaré edificios."

Jesús dijo:

"Edificaré mi Iglesia."

Y su Iglesia no está hecha de cemento… Está hecha de personas.

✓ Personas rotas que Él restaura.
✓ Personas heridas que Él sana.
✓ Personas perdidas que Él encuentra.
✓ Personas vacías que Él llena.
✓ Personas muertas que Él resucita.

La Iglesia no es un lugar… Es un pueblo.

No es una estructura… Es un cuerpo.

No es un edificio… Es una familia.

LO QUE IMPRESIONA... *NO Siempre Transforma*

Un templo puede impresionar... Pero solo Cristo puede transformar.

Un edificio puede atraer... Pero solo el Espíritu puede convertir.

Una estructura puede llenar los ojos... Pero solo la Palabra puede llenar el corazón.

Una iglesia puede tener:

- ❖ un templo hermoso... y corazones vacíos
- ❖ un escenario profesional... y vidas sin fruto
- ❖ un edificio lleno... y discípulos ausentes
- ❖ una estructura sólida... y una fe débil

La apariencia no es evidencia.

La magnitud no es madurez.

La belleza no es santidad.

LA PREGUNTA... *que Jesús Haría Hoy*

Si Jesús entrara hoy en un templo moderno, quizás preguntaría:

¿Dónde están los discípulos?

¿Dónde están los transformados?

¿Dónde están los restaurados?

¿Dónde están los que aman?

¿Dónde están los que sirven?

¿Dónde están los que llevan fruto?

¿Dónde está mi presencia?

Porque Jesús no busca templos llenos... Busca corazones rendidos.

LA IGLESIA... *que Transforma*

Una iglesia que transforma no necesita:

- ✓ un templo grande
- ✓ un escenario profesional
- ✓ un presupuesto enorme
- ✓ una estructura compleja
- ✓ una marca reconocida

Una iglesia que transforma necesita:

- ❖ la presencia de Dios
- ❖ la verdad del evangelio
- ❖ el poder del Espíritu
- ❖ el amor entre hermanos
- ❖ la compasión por el perdido
- ❖ la obediencia a Cristo
- ❖ la humildad del servicio

El templo puede ser pequeño... pero la gloria puede ser grande.

El edificio puede ser sencillo... pero el fruto puede ser abundante.

La estructura puede ser mínima... pero la transformación puede ser profunda.

LA PARADOJA REVELADA

Cesárea de Filipo tenía un gran templo que impresionaba, pero no transformaba.

La Iglesia debe tener vidas transformadas, aunque no impresione.

La Séptima Paradoja es esta:

"Una Iglesia que nació siendo grande para Dios sin bloque... terminó siendo un gran templo lejos de Dios"

Capítulo 10

LA FUENTE DE AGUA
Diferencia entre el Agua Natural y el Agua Viva

*"Respondió Jesús y le dijo: Cualquiera que bebiere de esta agua,
volverá a tener sed; más el que bebiere del agua que yo le daré,
no tendrá sed jamás; sino que el agua que yo le daré será en él
una fuente de agua que salte para vida eterna."*
(Juan 4:13-14)

Cuando Jesús habló con la mujer samaritana, reveló uno de los misterios más profundos del Reino:

Él no solo sacia la sed… Él crea una fuente.

No ofrece un sorbo pasajero, ni una experiencia momentánea, ni un alivio temporal.

Jesús promete algo radicalmente distinto: un suministro interior, permanente, inagotable.

La lógica humana dice:

"Si tengo sed, debo ir a la fuente."

Pero Jesús invierte esa lógica y declara:

"Si vienes a mí… la fuente vendrá a ti."

La sed te lleva a Cristo una vez; la fuente te sostiene para siempre.

Por eso Jesús dijo:

"El que bebiere del agua que yo le daré, no tendrá sed jamás."

No porque ya no necesite de Él, sino porque Él mismo se convierte en la fuente dentro del creyente.

El manantial deja de estar afuera... y comienza a brotar adentro.

Y aquí aparece el contraste con Cesárea de Filipo.

Allí había una fuente natural poderosa, pero obligaba a todos a ir hasta ella.

El agua estaba en un lugar específico. El suministro dependía de un punto geográfico. La vida fluía... pero solo para quienes llegaban hasta ese sitio.

¿No es eso lo que ocurre hoy en muchos templos cristianos?

Personas que creen que deben ir a un lugar para beber.

Creyentes que dependen de un ambiente, un evento, un culto, un altar, un predicador, una experiencia emocional.

Iglesias que enseñan, sin decirlo, que el agua está en el templo, no en Cristo.

Que la fuente está en la reunión, no en el corazón del creyente.

Pero Jesús dijo lo contrario.

Él no prometió un templo que da agua... prometió personas convertidas en fuentes.

No dijo: *"Vengan al lugar donde fluye el agua."*

Dijo: *"Vengan a mí... y el agua fluirá desde dentro de ustedes."*

El agua que fluye en los templos puede refrescar por un momento... pero el agua que Jesús da transforma para siempre.

El agua externa puede aliviar la sed... pero el agua interna la elimina.

El agua natural exige volver una y otra vez... pero el agua viva se convierte en un manantial eterno.

La diferencia es clara:

la fuente natural te hace dependiente del lugar;

la fuente viva te hace dependiente de Cristo.

Y de aquí nace la octava paradoja:

"Una Iglesia que tenía a Jesús como fuente de agua... terminó buscando agua en emociones, espectáculos y motivación"

UNA FUENTE NATURAL... *en un Lugar Espiritualmente Seco*

En Cesarea de Filipo nacía una de las fuentes principales del río Jordán. Era un lugar donde el agua brotaba con fuerza desde la roca, alimentando la región y dando vida a todo lo que tocaba.

La fertilidad de la zona dependía de esa fuente.

Sin ella, Cesárea no sería más que un territorio seco.

Era un lugar donde el agua natural abundaba... pero donde el agua espiritual escaseaba.

La fuente del Jordán era impresionante:

- ✓ abundante
- ✓ constante
- ✓ fresca
- ✓ visible
- ✓ poderosa
- ✓ indispensable

Era un símbolo de vida natural.

Un recordatorio de que la creación de Dios fluye incluso en lugares espiritualmente oscuros.

Pero esa agua no podía limpiar el corazón. No podía sanar el alma. No podía transformar vidas. No podía dar vida eterna.

Era agua natural... pero no era agua viva.

LA IGLESIA TAMBIÉN *TIENE FUENTES*... Pero NO *Todas dan Vida*

Hoy muchas iglesias tienen "fuentes" que parecen dar vida:

- programas
- actividades
- eventos
- música

- predicaciones motivacionales
- experiencias emocionales
- dinámicas sociales
- estrategias modernas

Todo eso puede atraer.

Todo eso puede refrescar por un momento.

Todo eso puede dar la impresión de vida.

- ➢ Pero si no fluye Cristo… no es agua viva.
- ➢ Si no fluye el Espíritu… no es agua viva.
- ➢ Si no fluye la Palabra… no es agua viva.
- ➢ Si no fluye la verdad… no es agua viva.

La Iglesia puede tener muchas fuentes… pero solo una da vida eterna.

EL AGUA… *que Jesús Ofrece*

Jesús dijo:

"más el que bebiere del agua que yo le daré, no tendrá sed jamás; sino que el agua que yo le daré será en él una fuente de agua que salte para vida eterna."
(Juan 4:14)

Y también dijo:
"En el último y gran día de la fiesta, Jesús se puso en pie y alzó la voz, diciendo: Si alguno tiene sed, venga a mí y beba."
(Juan 7:37)

El agua que Jesús ofrece:

> - sacia
> - limpia
> - restaura
> - renueva
> - transforma
> - da vida eterna
> - fluye desde dentro
> - no depende de circunstancias externas

El agua viva no es un evento.

Es una persona.

Es Cristo mismo.

LA IGLESIA QUE FLUYE VS. LA IGLESIA QUE SE ESTANCA

Una iglesia que fluye:

- ✓ depende del Espíritu
- ✓ escucha la voz de Dios
- ✓ se mueve en obediencia
- ✓ produce fruto
- ✓ transforma vidas
- ✓ mantiene frescura espiritual
- ✓ no se estanca en métodos
- ✓ no se seca en tradiciones

Una iglesia que se estanca:

- ❖ repite rutinas
- ❖ vive de recuerdos
- ❖ depende de estructuras
- ❖ se alimenta de emociones
- ❖ pierde sensibilidad
- ❖ pierde dirección
- ❖ pierde vida
- ❖ pierde propósito

El agua viva fluye… El agua estancada se pudre.

LA PREGUNTA… *que Jesús Haría Hoy*

Si Jesús se parara frente a una congregación, quizás preguntaría:

¿De qué fuente están bebiendo?

¿Qué agua están ofreciendo?

¿Qué fluye desde su altar?

¿Qué corre por sus pasillos?

¿Qué llena sus corazones?

¿Qué sacia su sed?

Porque una iglesia puede tener un río de actividades… y aun así estar espiritualmente seca.

Puede tener un manantial de emociones… y aun así no tener agua viva.

Puede tener una fuente natural… y aun así no tener la fuente eterna.

LA PARADOJA REVELADA

Cesárea de Filipo tenía una fuente natural que daba vida física.

La Iglesia debe tener una fuente espiritual que da vida eterna.

La Octava Paradoja es esta:

"Una Iglesia que tenía a Jesús como fuente de agua… terminó buscando agua en emociones, espectáculos y motivación"

Parte III

LA DECLARACION
QUE DEFINE TODO

4 PARADOJAS MAS

"*Y yo también te digo, que tú eres Pedro…*"
(Mateo 16: 18a)

- LA DECLARACION -

Que Define Todo

Después del escenario y después de las paradojas, llegamos al corazón del mensaje: las palabras de Jesús que definen, fundamentan y sostienen a la Iglesia.

La Parte III no es una reflexión histórica.

Es una revelación eterna.

Aquí Jesús revela identidad, fundamento, victoria y autoridad.

Aquí Pedro confiesa, el Padre revela, el Hijo edifica y el Reino respalda.

En estas cuatro declaraciones se resume todo lo que la Iglesia es, todo lo que la Iglesia tiene y todo lo que la Iglesia está llamada a manifestar.

Esta parte no solo informa.

Marca.

Define.

Establece.

Y tambien te mostramos 4 Paradojas mas...

Capítulo 11

TU ERES PEDRO
La Identidad Revelada

"Y yo también te digo, que tú eres Pedro..."
(Mateo 16: 18a)

En toda la Escritura, el nombre no es un simple sonido. El nombre es identidad, propósito, destino, llamado, transformación.

Y cuando Dios cambia un nombre, no está cambiando una etiqueta: está cambiando una identidad.

Por eso, cada vez que Dios interviene en la historia de un hombre o una mujer, el cambio de nombre marca un antes y un después.

Abram se convierte en Abraham cuando obedece el llamado y entra en pacto.

Saraí se convierte en Sara cuando su esterilidad es removida y recibe la promesa.

Jacob se convierte en Israel cuando lucha por su bendición y su carácter es forjado.

En todos estos casos, el cambio de nombre llega después de un acto, una prueba, una obediencia, una transformación visible.

Pero con Simón... algo distinto ocurre.

Simón no estaba obedeciendo un llamado como Abraham.

No estaba recibiendo un milagro como Sara.

No estaba luchando con un ángel como Jacob.

Simón simplemente respondió una pregunta.

Una pregunta que parecía sencilla... pero que reveló su identidad espiritual.

Y de aquí nace la novena paradoja:

"Una Iglesia que nació con identidad en Cristo... terminó adoptando una identidad institucional."

¿QUÉ HIZO SIMÓN PARA RECIBIR UN NUEVO NOMBRE?

Simón no estaba obedeciendo un llamado como Abraham. No estaba recibiendo un milagro como Sara. No estaba luchando con un ángel como Jacob.

Simón simplemente respondió una pregunta.

Una pregunta que parecía sencilla.

Una pregunta que Jesús no hizo para saber algo sobre Él mismo... sino para revelar algo sobre ellos.

Primero Jesús pregunta:

"¿Quién dicen los hombres que es el Hijo del Hombre?"

Los discípulos responden con opiniones humanas:

"Juan el Bautista"

"Elías"

"Jeremías"

"Uno de los profetas"

Pero luego Jesús hace la pregunta que cambia la historia:

"Y vosotros, ¿quién decís que soy yo?"

Aquí no se trata de información… Aquí se trata de revelación.

Aquí no se trata de teología… Aquí se trata de identidad.

LA RESPUESTA… *que Abrió el Cielo*

Simón responde:

"Tú eres el Cristo, el Hijo del Dios viviente."

Y en ese instante, algo ocurre en el mundo espiritual.

No fue una respuesta aprendida.

No fue una conclusión lógica.

No fue una opinión humana.

Y Jesús lo confirma:

"Esto no te lo reveló carne ni sangre, sino mi Padre que está en los cielos."

Simón acababa de recibir revelación directa del Padre. Y esa revelación cambia su identidad.

LA REVELACIÓN... *Produce Transformación*

En Abraham, la transformación vino por obediencia. En Sara, por milagro. En Jacob, por lucha.

En Simón, la transformación vino por revelación.

Porque la identidad espiritual no se forma por:

> ➤ esfuerzo humano
> ➤ mérito personal
> ➤ tradición religiosa
> ➤ conocimiento intelectual

La identidad espiritual nace cuando el Padre revela quién es Jesús... y el corazón lo cree.

A Simón no se le cambió su nombre por lo que hizo... se le cambió su nombre por lo que recibió.

Recibió revelación.

Recibió luz.

Recibió verdad.

Recibió identidad.

LA REVELACIÓN DE CRISTO... *Revela al Hombre*

Jesús no le cambia el nombre a Simón para honrarlo. Se lo cambia porque la revelación que Simón recibió lo transformó.

Jesús le dice:

> *"Y yo también te digo que tú eres Pedro..."*

Es decir:

> *"Ahora que sabes quién soy Yo...*
> *ahora puedo decirte quién eres tú."*

La identidad de Simón estaba escondida en la identidad de Cristo.

Y solo cuando Cristo fue revelado... Simón fue revelado.

Antes de la revelación, Simón era:

- ❖ impulsivo
- ❖ inestable
- ❖ emocional
- ❖ volátil
- ❖ movedizo como su nombre ("Simón" = caña que se mueve con el viento)

Después de la revelación, Jesús lo llama:

> *"Pedro"* = roca

La revelación de Cristo produce estabilidad.

La revelación de Cristo produce firmeza.

La revelación de Cristo produce identidad.

LA IGLESIA… *Nace de la Misma Revelación*

Jesús no solo revela la identidad de Simón. Revela la identidad de la Iglesia. Porque inmediatamente después de decir:

"Tú eres Pedro…"

Jesús declara:

"…y sobre esta roca edificaré mi Iglesia."

La roca no es Pedro como persona… La roca es la revelación que Pedro recibió:

"Jesús es el Cristo, el Hijo del Dios viviente."

La Iglesia no se edifica sobre:

- ❖ templos
- ❖ estructuras
- ❖ sistemas
- ❖ tradiciones
- ❖ denominaciones
- ❖ líderes humanos

La Iglesia se edifica sobre la revelación de Cristo.

La misma revelación que transformó a Simón… es la revelación que sostiene a la Iglesia.

LA PARADOJA REVELADA

La identidad de Simón no cambió por un acto heroico.

No cambió por un sacrificio.

No cambió por un milagro.

No cambió por una lucha.

Cambió por una respuesta. Una respuesta nacida de revelación divina.

La identidad espiritual no nace del esfuerzo humano, sino de la revelación del Padre acerca de Jesús.

La Novena Paradoja es Esta:

"Una Iglesia que nació con identidad en Cristo... terminó adoptando una identidad institucional."

Capítulo 12

SOBRE ESTA ROCA
El Fundamento Eterno

"Jehová, roca mía y castillo mío, y mi libertador;
Dios mío, fortaleza mía, en él confiaré;
Mi escudo, y la fuerza de mi salvación, mi alto refugio."
(Salmo 18:2)

Desde tiempos antiguos, el pueblo de Dios llamó a Jehová "Roca".

David lo proclamó sin saber que estaba profetizando la identidad del Salvador.

Para él, la roca era símbolo de:

- ✓ estabilidad
- ✓ protección
- ✓ refugio
- ✓ fundamento
- ✓ fuerza
- ✓ permanencia

Pero lo que David declaró en figura... Cristo lo reveló en plenitud.

En el desierto, en los tiempos de Moises, también se mencionó una roca, una roca que era un manantial de agua.

Siglos después, el apóstol Pablo confirmaría que esa roca era Cristo mismo:

"Porque no quiero, hermanos, que ignoréis que nuestros padres todos estuvieron bajo la nube, y todos pasaron el mar; y todos en Moisés fueron bautizados en la nube y en el mar, y todos comieron el mismo alimento espiritual, y todos bebieron la misma bebida espiritual; porque bebían de la roca espiritual que los seguía, y la roca era Cristo."
(1 Corintios 10:4).

Y Pedro, el mismo que recibió la revelación en Cesarea de Filipo, se referiría a Jesús como: *"la piedra viva"*, *"la piedra angular"*, *"la roca de salvación"* (1 Pedro 2:4–8).

Toda la Escritura apunta a una verdad:

Cristo es la Roca eterna.

Y es aquí donde Cesarea de Filipo cobra un significado profético.

En ese lugar había tres templos paganos construidos sobre una roca, incrustados en el acantilado:

- un templo a César
- un templo al dios Pan
- un templo dedicado a Zeus

Eran estructuras imponentes, visibles, sólidas, levantadas sobre piedra…pero edificadas sobre mentira.

Y Jesús llevó a sus discípulos precisamente allí.

Frente a templos construidos sobre roca natural...para revelarles la diferencia entre la roca del sistema y la Roca del Reino.

No era casualidad.

Era una confrontación visual.

Una enseñanza profética.

Un contraste divino.

En ese escenario, Jesús declara:

"Sobre esta roca edificaré mi Iglesia."

No sobre la roca del acantilado.

No sobre la roca de los templos paganos.

No sobre la roca del imperio.

No sobre la roca de la religión.

Sino sobre la roca de la revelación del Hijo.

Y de aquí nace la décima paradoja:

"Una Iglesia que nació sobre la roca de la revelación de Cristo... terminó fundamentándose en sistemas y filosofías de hombres."

¿CUÁL ES LA ROCA?... *La revelación del Hijo*

Después de revelar la identidad de Simón y transformarlo en Pedro, Jesús pronuncia una de las declaraciones más trascendentes de toda la Escritura:

"Sobre esta roca edificaré mi Iglesia."

Durante siglos, esta frase ha sido interpretada de muchas maneras.

Pedro no se convirtió en fundamento por ser Pedro. Se convirtió en "roca" porque recibió revelación. La revelación cambio la identidad y esencia de Pedro.

La roca es: La revelación de que Jesús es el Cristo, el Hijo del Dios viviente.

Esta no es una opinión.

No es una tradición.

No es una doctrina humana.

Es una revelación divina.

Jesús lo confirma:

"Esto no te lo reveló carne ni sangre, sino mi Padre que está en los cielos."

La Iglesia no se edifica sobre hombres... Se edifica sobre revelación.

Y Pablo lo confirma siglos después:

"Hasta que todos lleguemos a la unidad de la fe y del conocimiento del Hijo de Dios..."
(Efesios 4:13)

Ese "conocimiento" no es información. Es revelación.

La roca es Cristo revelado.

La roca es Cristo conocido.

La roca es Cristo confesado por revelación del Padre.

EL FUNDAMENTO NO ERA PEDRO... *era lo que Ocurrió en Pedro*

Pedro no es la roca... Pedro es el primer ejemplo de lo que la roca produce.

En Pedro ocurrió:

- ✓ revelación
- ✓ transformación
- ✓ identidad
- ✓ confesión
- ✓ luz espiritual

Eso, no él, es el fundamento.

Jesús no le dijo a Pedro:

"Sobre ti edificaré mi Iglesia."

Dijo:

"Sobre esta roca…"

La roca es el acto del Padre revelando al Hijo.

La roca es la revelación que transforma identidades.

La roca es la verdad eterna de quién es Jesús.

"EDIFICARÉ" … *Jesús es el único edificador*

Jesús no solo define el fundamento. Define también al edificador.

Él dice:

"Edificaré…"

- ✓ Tiempo futuro.
- ✓ Acción continua.
- ✓ Responsabilidad asumida por Él mismo.

La Iglesia no es edificada por:

- ❖ apóstoles
- ❖ pastores
- ❖ profetas
- ❖ evangelistas
- ❖ maestros
- ❖ concilios
- ❖ denominaciones
- ❖ sistemas
- ❖ estructuras

Todos ellos pueden servir… pero ninguno edifica. Todos ellos pueden ser instrumentos para que Cristo sea por medio de ellos, pero si no está Cristo en ellos, de nada van a servir…

El único edificador es Cristo.

Cuando una iglesia sigue las enseñanzas de Jesús… Él edifica.

Cuando una iglesia ignora las enseñanzas de Jesús… Él no edifica.

Pueden mencionar su nombre… pero si no practican su palabra, Él no está allí.

Pueden cantar sobre Él… pero si no obedecen su voz, Él no edifica allí.

Pueden reunirse en su nombre… pero si no viven su evangelio, Él no respalda esa obra.

Jesús no edifica donde Él no es obedecido.

"MI IGLESIA" … *Propiedad Exclusiva de Cristo*

Jesús no solo define el fundamento y el edificador. Define también al dueño.

Él dice:

> *"Mi Iglesia."*

No dice:

> *"La iglesia de Pedro."*

133

"La iglesia de Juan."

"La iglesia de Pablo."

"La iglesia del pastor Carlos."

"La iglesia del apóstol Felipe."

"La iglesia de fulanito."

Eso es una aberración espiritual. Una distorsión del diseño. Una apropiación indebida de lo que no pertenece al hombre.

La Iglesia tiene un solo dueño: Jesucristo.

- ✓ Él la compró con su sangre.
- ✓ Él la llamó.
- ✓ Él la formó.
- ✓ Él la sostiene.
- ✓ Él la purifica.
- ✓ Él la gobierna.
- ✓ Él la edifica.
- ✓ Él la presentará gloriosa.

La Iglesia no es una franquicia.

No es una marca. No es una empresa.

No es un ministerio personal.

No es un proyecto humano.

La Iglesia es el Cuerpo de Cristo. Y solo Cristo puede decir:

"Es mía."

LA IGLESIA VERDADERA... *nace del Fundamento Verdadero*

Una iglesia puede tener:

- ❖ un templo hermoso
- ❖ un liderazgo fuerte
- ❖ una estructura sólida
- ❖ una organización impecable
- ❖ un nombre reconocido
- ❖ un movimiento grande

Pero si **NO** está edificada sobre la revelación del Hijo... no es Iglesia.

Puede ser una institución.

Puede ser una organización.

Puede ser un ministerio.

Puede ser un proyecto humano.

Pero no es la Iglesia de Cristo.

La Iglesia verdadera nace cuando:

- ✓ el Padre revela al Hijo
- ✓ el corazón lo cree
- ✓ la boca lo confiesa
- ✓ Cristo edifica
- ✓ el Espíritu guía
- ✓ la Palabra gobierna

Ese es el fundamento eterno.

LA PARADOJA REVELADA

La Iglesia no se edifica sobre hombres, sino sobre la revelación del Hijo.

Y no la edifica el hombre, sino Cristo mismo.

La Decima Paradoja es esta:

"Una Iglesia que nació sobre la roca de la revelación de Cristo... terminó fundamentándose en sistemas y filosofías de hombres"

Capítulo 13

LAS PUERTAS DEL HADES
La Victoria que ya fue Declarada

"Y yo también te digo, que tú eres Pedro, y sobre esta roca edificaré mi iglesia; y las puertas del Hades no prevalecerán contra ella."
(Mateo 16:18)

Cuando Jesús pronunció las palabras:

"...y las puertas del Hades no prevalecerán contra mi Iglesia."

no estaba opinando...

No estaba especulando...

No estaba sugiriendo una posibilidad...

Estaba declarando una victoria irrevocable: una victoria ya establecida, una victoria garantizada, una victoria que no depende de circunstancias, gobiernos, sistemas, demonios ni fuerzas humanas.

Pero para entender la magnitud de esta declaración, debemos recordar dónde la dijo.

La dijo en Cesarea de Filipo, donde había una cueva profunda, oscura y temida.

Los antiguos creían que esa cueva era un portal al Hades, una entrada al inframundo, un punto donde los dioses paganos recibían sacrificios y donde los espíritus descendían y ascendían.

Era un lugar que producía miedo.

Un lugar asociado a muerte, oscuridad y juicio.

Un lugar que nadie se atrevía a desafiar.

Y Los discípulos conocían esa reputación. Sabían que la gente llamaba a esa cueva "la puerta del Hades".

Y Jesús los llevó precisamente allí... frente al símbolo máximo del terror espiritual de su época.

Y en ese escenario, mirando la cueva que todos temían, Jesús declara:

"Las puertas del Hades no prevalecerán contra mi Iglesia."

No fue casualidad.

Fue confrontación.

Fue desafío.

Fue victoria anunciada frente al lugar que representaba el dominio del enemigo.

Y de aquí nace la undécima paradoja:

"Una Iglesia que nació con autoridad sobre el Hades... terminó viviendo bajo la influencia del Hades"

EL HADES COMO DESTINO DE LOS MUERTOS... *la Victoria sobre la Muerte*

En la mentalidad judía del primer siglo, el Hades representaba:

> ➢ el lugar de los muertos
> ➢ el destino final del cuerpo
> ➢ la separación entre vida y eternidad
> ➢ el dominio donde la muerte parecía tener la última palabra

Cuando Jesús dice que las puertas del Hades no prevalecerán, está afirmando algo monumental:

La muerte no tiene la última palabra sobre la Iglesia.

Así como Jesús resucitó de entre los muertos...así también resucitarán todos los que creen en Él.

La victoria sobre la muerte no es futura. Es presente. Es una realidad ya establecida en Cristo.

La Iglesia no teme al Hades... porque su Señor lo venció.

EL HADES COMO REINO DE TINIEBLAS... *la Victoria sobre la Autoridad del Enemigo*

En un segundo nivel, el Hades también representa:

> ➢ el reino de las tinieblas
> ➢ la autoridad del enemigo
> ➢ la oposición espiritual
> ➢ el sistema que se levanta contra Dios

Y Jesús declara que ese reino tampoco prevalecerá.

¿Por qué?

Porque después de resucitar, Jesús dijo:

"Y Jesús se acercó y les habló diciendo: Toda potestad me es dada en el cielo y en la tierra."
(Mateo 28:18)

Toda autoridad.

No alguna.

No parcial.

No limitada.

Toda.

Jesús, como hombre, nuestro representante humano, recuperó la autoridad que Adán perdió en el Edén.

Y desde esa autoridad recuperada, Él da una orden:

"Id y haced discípulos..."

La autoridad no se nos da para exhibir poder... Se nos da para cumplir propósito.

LA AUTORIDAD DELEGADA TIENE UN PROPÓSITO... *hacer Discípulos*

Jesús no dijo:

"Id y hagan espectáculos."

"Id y construyan templos."

"Id y multipliquen actividades."

"Id y creen movimientos."

Jesús dijo:

"Id y haced discípulos."

La autoridad delegada tiene un solo propósito: extender el Reino formando discípulos.

No es para demostrar poder.

No es para impresionar.

No es para dominar.

No es para controlar.

Es para transformar vidas.

EL PODER DEL ESPÍRITU SANTO... *Confirma el Propósito*

Jesús lo dejó aún más claro cuando prometió el Espíritu Santo:

"pero recibiréis poder, cuando haya venido sobre vosotros el Espíritu Santo, y me seréis testigos en Jerusalén, en toda Judea, en Samaria, y hasta lo último de la tierra."
(Hechos 1:8)

¿Para qué?

"...y me seréis testigos..."

El poder no es para espectáculo.

Es para testimonio.

Es para proclamar a Cristo.

Es para revelar al Hijo.

Es para llevar el evangelio hasta lo último de la tierra.

El poder del Espíritu no es para engrandecer al hombre... Es para exaltar a Jesús.

EN ESE CONTEXTO... *las Puertas del Hades NO Prevalecen*

Cuando la Iglesia:

- ✓ se edifica sobre la revelación del Hijo
- ✓ obedece las enseñanzas de Cristo

- ✓ hace discípulos
- ✓ vive en la autoridad del Reino
- ✓ camina en el poder del Espíritu
- ✓ testifica de Jesús

…entonces las puertas del Hades no pueden prevalecer contra ella.

No prevalecen contra:

- ✓ la resurrección
- ✓ la autoridad delegada
- ✓ la misión
- ✓ el evangelio
- ✓ el testimonio
- ✓ el Reino
- ✓ la Iglesia verdadera

La victoria no es una posibilidad… Es una certeza.

LA VICTORIA… *ya fue Declarada*

Jesús **NO** dijo:

"Quizás no prevalecerán."

"Probablemente no prevalecerán."

"Si todo sale bien, no prevalecerán."

Jesús dijo:

"NO PREVALECERÁN."

➢ Es una sentencia eterna.

➢ Es un decreto del Reino.

➢ Es una declaración de guerra ganada.

➢ Es una victoria irreversible.

La Iglesia no lucha por la victoria… Lucha desde la victoria.

La Iglesia no avanza con miedo… Avanza con autoridad.

La Iglesia no se defiende del Hades… El Hades no puede defenderse de la Iglesia.

LA PARADOJA REVELADA

Para la Verdadera Iglesia de Jesucristo:

✓ La victoria ya fue declarada.
✓ La resurrección ya fue garantizada.
✓ La autoridad ya fue delegada.
✓ El poder ya fue dado.
✓ La misión ya fue asignada.

Porque todo lo que la Iglesia necesita…ya le fue entregado desde el cielo.

Y así se revela la Undécima Paradoja:

"Una Iglesia que nació con autoridad sobre el Hades… terminó viviendo bajo la influencia del Hades"

Capítulo 14

LAS LLAVES DEL REINO
Cuando el Cielo Respalda lo que la Iglesia Declara

"...Esto dice el Santo, el Verdadero, el que tiene la llave de David, el que abre y ninguno cierra, y cierra y ninguno abre..."
(Apocalipsis 3:7b)

Antes de hablar de llaves en Mateo 16, Jesús ya había sido anunciado proféticamente (Isaias 22:22) como Aquel que posee la llave de David:

"Y pondré la llave de la casa de David sobre su hombro; y abrirá, y nadie cerrará; cerrará, y nadie abrirá."
(Isaias 22:22)

Esa llave representa gobierno, autoridad, jurisdicción espiritual, dominio legítimo.

Y aunque algunos se preguntan cuántas llaves hay o quién las tiene, la respuesta es sencilla: si Cristo es la Cabeza y la Iglesia es su Cuerpo, entonces lo que pertenece a Cristo pertenece a su Iglesia, y lo que Cristo ejerce, la Iglesia lo ejecuta.

La autoridad no está dividida.

La autoridad fluye de la Cabeza al Cuerpo.

Por eso Jesús puede decir: *"A ti te daré las llaves del Reino..."* y al mismo tiempo Apocalipsis puede decir: *"Él tiene la llave de David."*

No hay contradicción. Hay unidad.

Y aquí aparece un detalle histórico que Jesús usó como ilustración viviente.

En Cesarea de Filipo, cerca de la gran cueva conocida como "la puerta del Hades", había una estatua del dios Pan...sosteniendo un manojo de llaves.

Para los paganos, Pan era el guardián del inframundo, el que abría y cerraba el acceso a los espíritus, el que tenía "autoridad" sobre el mundo invisible.

Jesús llevó a sus discípulos justo allí.

Frente a la cueva que representaba el Hades. Frente a la estatua que sostenía llaves falsas. Frente al sistema que pretendía controlar lo espiritual.

Y en ese escenario declara:

"A ti te daré las llaves del Reino de los cielos…"

No las llaves del miedo.

No las llaves del inframundo.

No las llaves del sistema.

Las llaves del Reino.

Y de aquí nace la duodécima paradoja:

"Una Iglesia que recibió las llaves del Reino… terminó sin encontrar la puerta del Reino."

LAS LLAVES... *que Recibió Pedro*

Después de revelar la identidad de Pedro, establecer el fundamento de la Iglesia y declarar la victoria sobre el Hades, Jesús pronuncia una frase que define el gobierno espiritual de su Iglesia:

"A ti te daré las llaves del Reino de los cielos; y todo lo que ates en la tierra será atado en los cielos, y todo lo que desates en la tierra será desatado en los cielos."
(Mateo 16:19)

Este versículo no habla de magia espiritual. No habla de decretos vacíos. No habla de palabras humanas con poder propio.

- ➤ Habla de gobierno.
- ➤ Habla de autoridad delegada.
- ➤ Habla de cielo y tierra trabajando juntos.
- ➤ Habla de lo invisible manifestándose sobre lo visible.
- ➤ Habla de Cristo gobernando a través de su Iglesia.

Pero esta autoridad solo opera donde Cristo gobierna.

LAS LLAVES NO SON PARA TODOS... *son para los que están Bajo el Gobierno de Cristo*

Jesús **NO** dijo:

"Les daré llaves a todos los grupos religiosos."

"Les daré llaves a todos los que se reúnan en mi nombre."

"Les daré llaves a todos los que tengan un templo."

"Les daré llaves a todos los que tengan un ministerio."

Jesús dijo:

"A ti te daré..."

¿A quién?

✓ A quien ha recibido la revelación del Hijo de Dios.
✓ A quien ha sido transformado por esa revelación.
✓ A quien está edificado sobre la roca.
✓ A quien forma parte de su Iglesia, no de una institución humana.

Las llaves **NO** son para:

❖ grupos donde Cristo no gobierna
❖ congregaciones centradas en el hombre
❖ sistemas religiosos sin Espíritu
❖ estructuras que funcionan sin obediencia
❖ templos donde se menciona a Jesús pero no se le obedece

Las llaves son para la Iglesia verdadera, donde Cristo es la cabeza y la que Cristo edifica.

LAS LLAVES REPRESENTAN GOBIERNO, *no Espectáculo*

En la Biblia, las llaves siempre representan:

- autoridad
- acceso
- gobierno

- jurisdicción
- responsabilidad
- legalidad espiritual

Jesús no entrega llaves para que la Iglesia haga demostraciones de poder. La entrega para que la Iglesia gobierne bajo su autoridad.

- No para manipular.
- No para controlar.
- No para impresionar.
- No para engrandecer al hombre.

Sino para manifestar el Reino.

ATAR Y DESATAR... *cuando lo Invisible Gobierna lo Visible*

Jesús dice:

"Lo que ates en la tierra será atado en los cielos..."

Esto no significa que la tierra manda al cielo. Significa que la tierra ejecuta lo que el cielo ya estableció.

Atar y desatar **NO** es:

- decretar caprichos
- imponer deseos personales
- manipular circunstancias
- declarar lo que yo quiero

Atar y desatar es:

- ✓ alinearse con el gobierno de Cristo

- ✓ ejecutar en la tierra lo que el cielo ya decidió
- ✓ manifestar lo invisible sobre lo visible
- ✓ traer el Reino a la realidad material

Es la unión perfecta entre:

- ❖ lo espiritual y lo material
- ❖ lo eterno y lo temporal
- ❖ lo celestial y lo terrenal

Es el Reino gobernando a través de la Iglesia.

DONDE CRISTO NO GOBIERNA... *NO Hay Autoridad*

Pablo lo explica en Efesios capítulo 1, Cristo fue:

- ✓ resucitado
- ✓ exaltado
- ✓ sentado a la diestra
- ✓ puesto sobre todo principado
- ✓ hecho cabeza de la Iglesia

Y luego dice:

"La Iglesia es su cuerpo, la plenitud de Aquel que todo lo llena en todo."

Esto significa:

- ❖ Cristo gobierna... la Iglesia ejecuta
- ❖ Cristo decide... la Iglesia manifiesta
- ❖ Cristo ordena...la Iglesia obedece

Pero si Cristo no gobierna en un grupo, entonces:

- no hay autoridad
- no hay respaldo
- no hay poder
- no hay manifestación
- no hay Reino
- no hay llaves

Puede haber reuniones… pero no gobierno.

Puede haber actividades… pero no autoridad.

Puede haber emoción… pero no transformación.

Puede haber nombre de iglesia… pero no Iglesia.

LA VERDADERA IGLESIA… *Manifiesta lo que el Cielo Establece*

Cuando Cristo gobierna:

- lo invisible se vuelve visible
- lo eterno toca lo temporal
- lo espiritual transforma lo material
- el Reino se manifiesta en la tierra
- la autoridad fluye
- el poder se manifiesta
- la misión avanza
- las tinieblas retroceden
- el Hades no prevalece

La Iglesia verdadera no solo predica el Reino… Lo manifiesta.

La Iglesia verdadera no solo habla de autoridad… La ejerce.

La Iglesia verdadera no solo menciona a Cristo… Se somete a Cristo.

LA PARADOJA REVELADA

Las llaves del Reino solo funcionan donde Cristo gobierna.

Donde Cristo no gobierna, no hay Reino, no hay autoridad y no hay manifestación.

Y así se revela la Duodécima Paradoja:

"Una Iglesia que recibió las llaves del Reino… terminó sin encontrar la puerta del Reino"

Parte Final

El Tiempo de Elegir

Templos ..... o ..... Almas

"Ninguno puede servir a dos señores; porque o aborrecerá al uno y amará al otro, o estimará al uno y menospreciará al otro. No podéis servir a Dios y a las riquezas..."

(Mateo 6:24)

EL TIEMPO PARA ELEGIR

Templos ...... o ...... Almas

Después de ver el escenario que habla, después de mirar las paradojas que nacen en una iglesia, y después de escuchar la declaración que define todo... llegamos al punto donde ya no basta con entender.

Ahora es necesario decidir.

La Parte Final no es informativa. Es confrontativa. Es el momento donde la Iglesia, y cada lector, debe mirarse en el espejo espiritual que Jesús ha puesto delante.

Aquí ya no hablamos del escenario, aquí hablamos del corazón. Aquí ya no analizamos la historia, aquí discernimos el estado actual. Aquí ya no observamos lo que otros hicieron, aquí enfrentamos lo que nosotros hemos permitido.

En esta última parte, Jesús no describe. Diagnostica.

No sugiere. Sana.

No comenta. Habla con voz profética.

El Diagnóstico Clínico revela la condición real de una iglesia que ha cambiado lo eterno por lo temporal.

La Medicación ofrece la palabra que restaura, corrige y devuelve vida.

Y el Cierre Profético es la voz del Señor llamando a decisiones que conducen a vida... o a muerte.

Esta parte no es para leer rápido.

Es para detenerse.

Para escuchar.

Para elegir.

Porque al final, toda iglesia, y todo creyente, debe decidir entre dos caminos:

Templos… o… Almas.

Sistema… o… Espíritu.

Religión… o… Reino.

Hombre… o… Cristo.

Bienvenidos a la Parte Final…

…El tiempo para elegir ha llegado.

EL DIAGNOSTICO CLINICO
Las Doce Paradojas que Revelan el Estado de una Iglesia

Al llegar al final de este recorrido, no podemos cerrar estas páginas sin mirar de frente las doce paradojas que Jesús nos permite discernir.

Cada una es un recordatorio de lo que la Iglesia fue llamada a ser…y de lo que puede llegar a convertirse cuando se aleja de su esencia.

Estas paradojas no acusan… Despiertan.

No condenan… Corrigen.

No destruyen... Reconstruyen desde la verdad.

A continuación, las doce paradojas, acompañadas de una breve reflexión que resume su mensaje.

PARADOJA 1... *Reconstrucción y Embellecimiento*

"Una Iglesia que nació para reconstruir vidas… terminó dedicándose a reconstruir edificios."

La verdadera Iglesia de Jesucristo ama a las personas. Sana las heridas del alma. Edifica y fortalece el espíritu. La prioridad son las personas, y esto se refleja en tiempo y dinero. Tiempo para aconsejar, discipular, orar, ensenar… y dinero para ayudar en necesidades.

Las iglesias enfermas valoran más los edificios que las personas. La estructura, la remodelación, la construcción son los receptores de tiempo y dinero… con la excusa de que allí serán recibidas las almas… todas usan la misma excusa.

PARADOJA 2... *Realización para Honrar*

"Una Iglesia que nació para honrar a Dios edificando personas... terminó honrándose a sí misma construyendo templos."

La Iglesia sana honra a Dios con humildad, reverencia y temor santo, y cuida el culto a Dios. Reconoce que la Iglesia son las personas y no lo material. Reconoce el carácter de Dios y sabe cómo Honrar a Dios en el Culto a Él y en sus vidas.

La Iglesia enferma busca honrarse a sí misma, sin temor ni reverencia ante la presencia de Dios, convierten el culto a Dios en espectáculos.

PARADOJA 3... *El Otorgamiento*

"Una Iglesia que recibió de Dios el otorgamiento de almas... terminó buscando autorizaciones del hombre para recibirlas."

La Iglesia verdadera reconoce que las almas son prestadas desde el cielo, y las recibe con compromiso a cualquier precio. El temor a Dios se manifiesta en el cuidado de las almas.

La Iglesia enferma depende del permiso humano para edificar y sanar almas que fueron otorgadas por Dios. Si el hombre aprueba trabaja, sino no. Son dependientes del sistema, y le temen mas al sistema que a Dios.

PARADOJA 4... *La Consagración y el Alimento*

"Una Iglesia que nació del Pan de Vida... termina dejando a sus hijos desnutridos y sin pan."

La Iglesia sana se consagra a Cristo y se alimenta de Su Palabra. El mensaje de la cruz esta clavado en el corazón de esta iglesia. Por eso se alimentan con las palabras y enseñanzas de Jesús por encima que cualquiera otra enseñanza. Su meta es llegar a la estatura de un varón perfecto, a la estatura de Cristo.

La Iglesia enferma ofrece espectáculos consagrados a los dueños del templo y se alimentan de emociones vacías que no nutren ni transforman...solo emocionan, y nunca crecen en la fe. Sus lideres siempre elaboraran un espectáculo entretenido y los congregantes les agrada solo llenarse de emociones evitando ser confrontados en su pecado y más aun eludiendo cualquier compromiso en pro al Reino de Dios.

PARADOJA 5... *La Zona Fértil*

"Una Iglesia con terreno fértil para el Espíritu... terminó sembrando en lo material."

La Iglesia verdadera es usada por el Espíritu Santo para arar el corazón con sana predicación y enseñanza, que aunque duelan, prepara la siembra en el Espíritu y cosecha de fruto eterno.

La Iglesia enferma hacen sentir bien a la gente momentáneamente con mensajes motivacionales que no revelan el pecado ni la herida, y por ende la culpa es el terreno para alejarse mas de Dios y acercarse a los espectáculos que no revelan nada.

PARADOJA 6... *Dedicación y Lealtad*

"Una Iglesia dedicada a Dios... terminó siendo más leal al sistema que a Él."

La Iglesia sana es fiel a Cristo por encima de todas las cosas, y está dispuesta a morir por la propagación de aquella verdad que trae salvación y vida eterna.

La Iglesia enferma es fiel al sistema... y hablara... y servirá a Dios... solo en su espacio libre... en su espacio permitido... en su espacio autorizado... bajo las condiciones que lo establezcan los hombres y no el Espíritu Santo. Esta iglesia no está dispuesta a negarse a si misma... no esta dispuesta a llevar su cruz... ni mucho menos a seguir a Jesús hasta la muerte.

PARADOJA 7... *El Gran Templo*

"Una Iglesia que nació siendo grande para Dios sin bloque... terminó siendo un gran templo lejos de Dios."

La Iglesia verdadera es grande por su esencia espiritual. Un líder sano se deleita al ver discípulos con una fe madura después de haber invertido tanto tiempo en enseñanza, oración, ayuno, exhortación, consejería...en favor de la sanidad de las almas y edificación del individuo.

La Iglesia enferma es grande solo por su estructura. El Falso líder se deleita en las construcciones, en la hermosura de un templo. Hay mas tiempo y dinero para las cosas materiales que para las personas de la congregación.

PARADOJA 8... *La Fuente de Agua*

"Una Iglesia que tenía a Jesús como fuente de agua... terminó buscando agua en emociones, espectáculos y motivación."

La Iglesia sana bebe del Agua Viva. Es edificada de tal forma que de su interior brota una fuente de agua de vida eterna, que no se congrega por necesidad sino por obediencia y para servir a otros.

La Iglesia enferma se hidrata con emociones pasajeras. Son personas secas que necesitan asistir y congregarse para recibir un sorbito de agua, que nunca sacian su sed. Nunca crecen. No dan. Solo están buscando recibir.

PARADOJA 9... *Tú Eres Pedro*

"Una Iglesia que nació con identidad en Cristo... terminó adoptando una identidad institucional."

La Iglesia verdadera vive desde la identidad revelada por el Padre. Se identifica con la Esencia del Padre... Se identifica con las enseñanzas y testimonio de Jesús... Se identifica con el Poder y la Manifestación del Espíritu Santo.

La Iglesia enferma vive desde etiquetas humanas. Se asignan su propio nombre. Se identifican como el Sistema se lo permita... Se identifican con los rudimentos y filosofías de este mundo... Se identifican con la transformación de un culto a Dios a un espectáculo entretenedor.

PARADOJA 10... *Sobre Esta Roca*

"Una Iglesia que nació sobre la roca de la revelación de Cristo... terminó fundamentándose en sistemas y filosofías de hombres."

La Iglesia sana se fundamenta en la revelación eterna. Reconoce y cree que Dios es inmutable, y así como ha hablado en tiempos pasados, continúa hablando hoy...Reconoce que las enseñanzas de Jesús son de carácter universal y eternas... Reconoce la voz del Espíritu Santo y su presencia manifestada por los dones espirituales

La Iglesia enferma se apoya en métodos temporales. Su fundamento es una teología desarrollada por hombres y no una revelación de Dios. Desconoce la voz del Padre, manipula las enseñanzas de Jesús e ignoran la presencia y manifestación del Espíritu Santo

PARADOJA 11... *Las Puertas del Hades*

"Una Iglesia que nació con autoridad sobre el Hades... terminó viviendo bajo la influencia del Hades."

La Iglesia verdadera ejerce la autoridad que Cristo le dio. No le teme a la muerte y por eso, es desafiante ante el sistema. Predican la palabra con amor para que otros puedan escapar del Hades. No le temen a los demonios ni al infierno, porque han creído en Quien los venció, en Jesús el Hijo de Dios.

La Iglesia enferma vive oprimida por aquello que ya fue vencido. Le tienen miedo a la muerte y prefieren obedecer al sistema antes que morir. Les tiene miedo a los demonios y al infierno. Si predican, lo hacen influyendo más en el miedo del infierno que en el amor de la salvación.

PARADOJA 12... *Las Llaves del Reino*

"Una Iglesia que recibió las llaves del Reino... terminó sin encontrar la puerta del Reino."

La Iglesia sana usas las llaves del Reino para **abrir**: Bendiciones, Sanidades, Restauración del alma, Crecimiento de la fe, Resurrección, Restauración de hogares, Liberación espiritual, Salvación y Prosperidad en las personas...

La Iglesia sana usa las llaves del Reino para **cerrar**: maldiciones, deudas, culpas, heridas, traumas, complejos, injusticias, condenación en las personas...

La Iglesia enferma no sabe usar lo que Dios le entregó. No sabe nada de llaves y mucho menos sabe que puede abrir y que puede cerrar, y en esa ignorancia... **abren**: maldiciones, deudas, culpas, heridas, traumas, complejos, injusticias, condenación en las personas...

La Iglesia enferma cierran: Bendiciones, Sanidades, Restauración del alma, Crecimiento de la fe, Resurrección, Restauración de hogares, Liberación espiritual, Salvación y Prosperidad en las personas...

Entonces, es tiempo de Reflexionar...

¿ERES SANA Y VERDADERA? Excelente... continua así

¿ESTAS ENFERMA? Dios quiere sanarte... pero debe haber un cambio...

Estas doce paradojas son un llamado a volver al diseño original.

A recordar que la Iglesia:

✓ no es un edificio

✓ no es un sistema

✓ no es una institución

✓ no es un espectáculo

La Iglesia es un pueblo convocado, una ekklesía viva, una comunidad edificada sobre la revelación del Hijo.

Mientras Cristo siga siendo la Roca, la Iglesia seguirá siendo Suya.

LA MEDICACION
Una Palabra de Sanidad y Esperanza

Después de mirar el escenario, después de discernir las paradojas, después de confrontar la realidad... queda lo más importante: volver.

Porque este libro no fue escrito para señalar, sino para sanar.

No para destruir, sino para reconstruir.

No para condenar, sino para llamar.

No para exponer la enfermedad, sino para abrir el camino de la restauración.

Si mientras leías estas páginas sentiste que alguna de estas paradojas tocó tu vida, tu ministerio, tu liderazgo o tu iglesia...no te culpes.

No te escondas.

No te justifiques.

Solo vuelve.

El Dios que reveló estas verdades es el mismo que hoy te extiende Su mano.

Aquí, una palabra de esperanza para cada una que sufre y experimenta una o varias de las doce paradojas.

1. Reconstrucción y Embellecimiento

"Una Iglesia que nació para reconstruir vidas... terminó dedicándose a reconstruir edificios."

Si en algún momento amaste más lo material que las almas, hoy hay oportunidad.

Dios no te señala: te llama.

Él puede restaurar tu corazón y devolverte la pasión por las personas.

Vuelve a lo esencial. Vuelve a lo eterno.

2. Realización para Honrar

"Una Iglesia que nació para honrar a Dios edificando personas... terminó honrándose a sí misma construyendo templos."

Si perdiste el temor, la reverencia o la humildad, no estás lejos.

Dios honra al que se humilla.

Él puede devolverte la pureza de la honra verdadera.

Solo vuelve a Su presencia.

3. El Otorgamiento

"Una Iglesia que recibió de Dios el otorgamiento de almas... terminó buscando autorizaciones del hombre para recibirlas."

Si dependiste más del hombre que de Dios, hoy puedes levantar tu mirada.

Las almas siguen siendo Su regalo.

Él te llama a confiar nuevamente en Su voz por encima de toda estructura humana.

4. La Consagración y el Alimento

> **"Una Iglesia que nació del Pan de Vida... termina dejando a sus hijos desnutridos y sin pan."**

Si dejaste de alimentar a otros, o si tú mismo te quedaste sin pan, hoy Jesús vuelve a partirlo delante de ti.

Él sigue siendo el Pan de Vida.

Él puede saciarte otra vez.

5. La Zona Fértil

> **"Una Iglesia con terreno fértil para el Espíritu... terminó sembrando en lo material."**

Si sembraste en lo incorrecto, no todo está perdido.

El Espíritu Santo puede volver a hacer fértil tu tierra.

Solo necesitas cambiar la semilla.

6. Dedicación y Lealtad

> **"Una Iglesia dedicada a Dios... terminó siendo más leal al sistema que a Él."**

Si tu lealtad se desvió, hoy puedes regresar.

Cristo sigue siendo digno de tu fidelidad.

Él no te rechaza: te espera.

7. El Gran Templo

"Una Iglesia que nació siendo grande para Dios sin bloque... terminó siendo un gran templo lejos de Dios."

Si la estructura creció más que la presencia, no temas.

Dios no busca grandeza externa, sino corazones rendidos.

Él puede volver a llenar tu casa... si primero llena tu corazón.

8. La Fuente de Agua

"Una Iglesia que tenía a Jesús como fuente de agua... terminó buscando agua en emociones, espectáculos y motivación."

Si te secaste, si te cansaste, si te confundiste...

Jesús sigue siendo la Fuente.

Él puede volver a darte agua viva.

Solo acércate.

9. Tú Eres Pedro

"Una Iglesia que nació con identidad en Cristo... terminó adoptando una identidad institucional."

Si perdiste tu identidad, hoy puedes recuperarla.

No eres un título.

No eres un cargo.

Eres hijo.

Eres llamado.

Eres amado.

10. Sobre Esta Roca

"Una Iglesia que nació sobre la roca de la revelación de Cristo... terminó fundamentándose en sistemas y filosofías de hombres."

Si tu fundamento se movió, Cristo no.

Él sigue siendo la Roca.

Puedes volver a edificar sobre Él.

11. Las Puertas del Hades

"Una Iglesia que nació con autoridad sobre el Hades... terminó viviendo bajo la influencia del Hades."

Si perdiste autoridad, hoy puedes recuperarla.

Cristo ya venció.

La victoria sigue siendo tuya.

Solo vuelve a creer.

12. Las Llaves del Reino

"Una Iglesia que recibió las llaves del Reino... terminó sin encontrar la puerta del Reino."

Si te sentiste perdido, confundido o sin dirección...

Dios no te dejó.

Las llaves siguen en tus manos.

El cielo sigue abierto.

Solo necesitas volver a escuchar Su voz.

Esto aun no es un cierre.

Es una invitación.

Es un regreso.

Es un nuevo comienzo.

Porque la Iglesia de Cristo —y tú, que formas parte de ella—

siempre tendrá una puerta abierta para volver a la esencia,

a la identidad,

a la revelación,

a la presencia,

a la Roca.

Y mientras haya un corazón dispuesto…

…siempre habrá un Dios dispuesto a restaurar.

CIERRE PROFETICO… El Mensaje para las Iglesias

Decisiones para Vida o para Muerte

"Yo permití que el año 2020 llegara sobre la tierra.

No fue un accidente.

No fue un caos sin dirección.

No fue un golpe del enemigo sin Mi supervisión.

Yo lo permití para probar a Mi Iglesia"

"Yo observé cómo reaccionaron los corazones.

Yo vi quién confiaba en Mi Palabra

y quién confiaba en sus estructuras.

Yo vi quién edificó sobre la Roca

y quién edificó sobre el sistema.

Yo vi quién tenía aceite

y quién solo tenía lámpara"

"Yo miré a las congregaciones que se enorgullecían de sus grandes templos.

Vi cómo muchos edificios quedaron vacíos,

cómo las deudas crecieron,

cómo la estructura se volvió carga,

cómo el templo se convirtió en un peso

y no en un testimonio"

"Yo observé cómo el temor entró por un rumor de enfermedad.

Vi cómo muchos se escondieron,

cómo se apagó la fe,

cómo se cerraron las puertas,

cómo se detuvo la adoración,

cómo se paralizó la misión"

"Yo vi la fragilidad espiritual de muchos líderes.

Vi cómo se debilitó su voz,

cómo se confundió su mensaje,

cómo se nubló su discernimiento,

cómo se reveló su dependencia del sistema

y no de Mi Espíritu"

"Yo pesé a Mi Iglesia en balanza.

Y muchos fueron hallados faltos.

No porque fueran malos,

sino porque estaban lejos de Mi diseño"

"Yo comparé su reacción con la Iglesia del primer siglo.

Ellos crecieron en persecución.

Ellos se fortalecieron en la prueba.

Ellos no dependían de templos.

Ellos no se apagaron cuando se cerraron las puertas.

Ellos eran Iglesia aun sin edificios,

sin permisos,

sin estructuras,

sin garantías"

"Yo permití la prueba para revelar el corazón.

No para destruir,

sino para purificar.

No para avergonzar,

sino para despertar.

No para cerrar,

sino para abrir un camino de regreso"

"Y ahora, después de haber visto,

después de haber probado,

después de haber pesado,

hablo nuevamente"

"Hablaré a cada paradoja.

Hablaré a cada herida.

Hablaré a cada desviación.

Hablaré a cada líder, a cada iglesia, a cada corazón"

Y hablaré en doble vía, como hablé a las iglesias en Asia:

Si no te arrepientes…

esto es lo que vendrá sobre ti.

Pero si te arrepientes…

esto es lo que Yo haré contigo.

Porque Mi juicio es justo.

Mi misericordia es real.

Mi llamado es urgente.

Y Mi Iglesia será lo que yo quiero que sea.

PARADOJA 1... RECONSTRUCCIÓN Y EMBELLECIMIENTO

"Una Iglesia que nació para reconstruir vidas... terminó dedicándose a reconstruir edificios."

MENSAJE A... *La Iglesia que se Identifica con esta Paradoja*

Esto dice el que nunca edificó templos de bloques, pero edifica Su Iglesia con santidad y con fuego eterno:

Yo he visto cómo has amado más lo material que las almas que Mi Padre te encomendó. He visto cómo tus manos se esforzaron por levantar paredes, pero tus rodillas dejaron de doblarse por los perdidos. He visto cómo tus ojos se llenaron de planos y proyectos, pero se vaciaron a la hora de consolar a los quebrantados.

He visto cómo tu corazón se inclinó hacia lo visible y descuidó lo eterno.

SI NO TE ARREPIENTES...

...Tus estructuras se convertirán en cargas, tus edificios en deudas, tus obras en peso muerto. Lo que levantaste con tus fuerzas se derrumbará sin Mi presencia. Tus paredes serán grandes, pero tu espíritu será pequeño. Y aquello que edificaste para tu gloria no te sostendrá en el día de la prueba.

"Si Jehová no edificare la casa,
En vano trabajan los que la edifican;
Si Jehová no guardare la ciudad,
En vano vela la guardia."
(Salmo 127:1)

PERO SI TE ARREPIENTES...

...Yo mismo reconstruiré tu corazón.

Te devolveré amor por las almas, te daré compasión renovada, te haré sembrador de vidas y no de ladrillos.

Y lo que edifiques en Mi nombre tendrá fruto eterno.

Yo te usaré para levantar vidas, restaurar familias, sanar corazones, y reconstruir lo que el enemigo destruyó.

Tu obra será espiritual, tu fruto será eterno, y tu recompensa será del cielo.

"Reedificarán las ruinas antiguas, y levantarán los asolamientos primeros, y restaurarán las ciudades arruinadas, los escombros de muchas generaciones."
(Isaías 61:4)

PARADOJA 2... REALIZACIÓN PARA HONRAR

"Una Iglesia que nació para honrar a Dios edificando personas... terminó honrándose a sí misma construyendo templos."

MENSAJE A... *La Iglesia que se Identifica con esta Paradoja*

Esto dice el que no busca gloria humana, sino que siendo en forma de Dios, no estimó el ser igual a Dios como cosa a que aferrarse, sino que se despojó a sí mismo, tomando forma de siervo, hecho semejante a los hombres; y estando en la condición de hombre, se humilló a sí mismo, haciéndose obediente hasta la muerte, y muerte de cruz. Por lo cual Dios también le exaltó hasta lo sumo, y le dio un nombre que es sobre todo nombre... Él dice:

Yo he visto cómo buscaste reconocimiento más que obediencia. He visto cómo tu servicio se convirtió en plataforma, cómo tu adoración se volvió espectáculo, cómo tus obras dejaron de ser para Mi gloria y comenzaron a ser para tu nombre.

Yo he visto cómo honraste más la imagen que la esencia, más el templo que la presencia, más la apariencia que la obediencia.

SI NO TE ARREPIENTES...

...Tu honra se convertirá en vergüenza, tu reconocimiento en confusión, tu grandeza en caída.

Lo que edificaste para impresionar será derribado, y lo que levantaste para tu nombre quedará sin fundamento.

Tu voz perderá autoridad, tu altar perderá fuego, y tu templo quedará vacío de Mi presencia.

177

Porque no compartiré Mi gloria con nadie.

"Pobreza y vergüenza tendrá el que menosprecia el consejo;
Mas el que guarda la corrección recibirá honra."
(Proverbios 13:18)

PERO SI TE ARREPIENTES...

...Yo mismo te vestiré de humildad.

Te devolveré el temor santo, la reverencia perdida, la pureza de la honra verdadera.

Te enseñaré a edificar personas antes que templos, a levantar corazones antes que estructuras, a buscar Mi aprobación antes que la del hombre.

Y cuando tu honra vuelva a ser para Mí, Yo te honraré delante de los hombres.

Mi presencia volverá a tu casa, Mi gloria reposará sobre tu altar, y tu nombre será recordado no por tus obras, sino por tu obediencia.

"Honra a Jehová con tus bienes,
Y con las primicias de todos tus frutos;
Y serán llenos tus graneros con abundancia,
Y tus lagares rebosarán de mosto"
(Proverbios 3:9-10)

PARADOJA 3... EL OTORGAMIENTO

"Una Iglesia que recibió de Dios el otorgamiento de almas... terminó buscando autorizaciones del hombre para recibirlas."

MENSAJE A... *La Iglesia que se Identifica con esta Paradoja*

Esto dice el que otorga las almas, el que añade a los que han de ser salvos, el que abre puertas que nadie puede cerrar y cierra puertas que nadie puede abrir:

Yo he visto cómo dejaste de confiar en Mi voz para depender de la aprobación humana.

He visto cómo esperaste permisos del sistema para hacer lo que Yo ya te había ordenado. He visto cómo tu fe se debilitó ante los hombres, cómo tu autoridad se apagó, cómo tu obediencia se detuvo porque buscabas el respaldo de la tierra en lugar del respaldo del cielo.

Yo he visto cómo temiste avanzar sin el sello del hombre, cuando ya tenías Mi sello sobre tu frente.

SI NO TE ARREPIENTES...

...Tu ministerio se volverá estéril, tu voz perderá autoridad, y tus manos no recogerán fruto.

Caminarás en círculos, esperando autorizaciones que nunca llegarán, porque dejaste de escuchar la única voz que importa.

Tus pasos serán pesados, tu obra será limitada, y tu influencia será mínima, porque el que confía en el hombre queda atado a las limitaciones del hombre.

"Así ha dicho Jehová: Maldito el varón que confía en el hombre, y pone carne por su brazo, y su corazón se aparta de Jehová."
(Jeremias 17:5)

PERO SI TE ARREPIENTES...

...Yo mismo abriré puertas delante de ti.

Te devolveré la autoridad que perdiste, te daré gracia delante de los hombres, y pondré en tus manos el otorgamiento que viene del cielo.

No dependerás de permisos humanos, porque Mi respaldo será evidente.

Yo te añadiré almas, Yo te traeré fruto, Yo te enviaré personas hambrientas, y tú solo tendrás que recoger la cosecha.

Y sabrás que no fue por tu fuerza, ni por tu estrategia, ni por tu sistema, sino por Mi Espíritu.

"Y el Señor añadía cada día a la iglesia los que habían de ser salvos."
(Hechos 2:47b)

PARADOJA 4... LA CONSAGRACIÓN Y EL ALIMENTO

"Una Iglesia que nació del Pan de Vida... termina dejando a sus hijos desnutridos y sin pan."

MENSAJE A... *La Iglesia que se Identifica con esta Paradoja*

Esto dice el Pan de Vida, el que descendió del cielo, el que alimenta al hambriento y sostiene al débil:

Yo he visto cómo dejaste de alimentar a Mis hijos con Mi Palabra. He visto cómo cambiaste el alimento eterno por migajas emocionales, cómo sustituiste la doctrina por motivación, cómo reemplazaste la revelación por entretenimiento.

He visto cómo Mis ovejas se debilitaron, cómo sus espíritus se volvieron frágiles, cómo sus almas quedaron vacías mientras tú servías mesas sin pan.

Yo he visto cómo ofreciste espectáculo en lugar de alimento, ruido en lugar de verdad, y movimiento en lugar de transformación.

SI NO TE ARREPIENTES...

...A los que llamas "tus hijos espirituales", seguirán debilitándose, tu casa perderá fuerza, y tu altar quedará sin fuego.

Tus congregaciones se dispersarán buscando alimento, y no lo hallarán en tu mesa.

Tu voz será ignorada, tu mensaje será vacío, y tu ministerio será como un campo sin cosecha.

Porque donde no hay pan, no habrá vida.

Y donde no este Mi Palabra, no habrá crecimiento espiritual.

"Vivo yo, ha dicho Jehová el Señor, que por cuanto mi rebaño fue para ser robado, y mis ovejas fueron para ser presa de todas las fieras del campo, sin pastor; ni mis pastores buscaron mis ovejas, sino que los pastores se apacentaron a sí mismos, y no apacentaron mis ovejas; por tanto, oh pastores, oíd palabra de Jehová. Así ha dicho Jehová el Señor: He aquí, yo estoy contra los pastores; y demandaré mis ovejas de su mano, y les haré dejar de apacentar las ovejas; ni los pastores se apacentarán más a sí mismos, pues yo libraré mis ovejas de sus bocas, y no les serán más por comida."
(Ezequiel 34:8-10)

PERO SI TE ARREPIENTES…

…Yo mismo volveré a llenar tu mesa.

Te daré revelación fresca, te abriré las Escrituras, te devolveré el fuego de Mi Palabra. Tus hijos volverán a comer, sus almas serán fortalecidas, y tu casa será un lugar de alimento abundante.

Yo haré que tu voz vuelva a tener peso, que tu enseñanza vuelva a transformar, y que tu mesa vuelva a ser un banquete espiritual.

Y sabrán que Yo estoy en medio de ti, porque donde está Mi pan, habrá vida, habrá fuerza, y habrá crecimiento eterno.

"En buenos pastos las apacentaré, y en los altos montes de Israel estará su aprisco; allí dormirán en buen redil, y en pastos suculentos serán apacentadas sobre los montes de Israel. Yo apacentaré mis ovejas, y yo les daré aprisco, dice Jehová el Señor. Yo buscaré la perdida, y haré volver al redil la descarriada; vendaré la perniquebrada, y fortaleceré la débil; mas a la engordada y a la fuerte destruiré; las apacentaré con justicia."
(Ezequiel 34:14-16)

PARADOJA 5... LA ZONA FÉRTIL

"Una Iglesia con terreno fértil para el Espíritu... terminó
sembrando en lo material."

MENSAJE A... *La Iglesia que se Identifica con esta Paradoja*

Esto dice el Señor de la mies, el que da semilla al que siembra
y pan al que come, el que hace germinar más lo espiritual que lo
terrenal:

Yo he visto cómo desviaron la siembra hacia lo material.

He visto cómo sembraste en edificios, en proyectos, en
apariencias, en lo visible, mientras Mi Espíritu esperaba que la
semilla fuera sembrada en el terreno para lo eterno.

He visto cómo buscaste cosechas rápidas, resultados
inmediatos, frutos que impresionan a los hombres, pero no
transforman vidas.

Yo he visto cómo tu corazón se inclinó hacia lo que perece, y
dejaste de sembrar en lo que permanece para siempre.

SI NO TE ARREPIENTES...

...Tu siembra será estéril, tu cosecha será vacía, y tus esfuerzos
no producirán fruto eterno.

Sembrarás mucho y recogerás poco, trabajarás duro y verás
poco resultado, porque sembraste en tierra equivocada.

Tus obras serán temporales, tu impacto será superficial, y tu
legado será débil.

Porque todo lo que se siembra en la carne… termina muriendo con la carne.

"Porque el que siembra para su carne, de la carne segará corrupción; más el que siembra para el Espíritu, del Espíritu segará vida eterna."
(Gálatas 6:8)

PERO SI TE ARREPIENTES…

…Yo mismo te mostraré dónde sembrar.

Te devolveré discernimiento, te daré visión espiritual, y te guiaré hacia el terreno fértil del Espíritu.

Tu siembra volverá a tener propósito, tu cosecha será abundante, y tu fruto permanecerá para vida eterna.

Yo multiplicaré tu semilla, haré prosperar tu obra, y te daré una cosecha que no podrás contener.

Y sabrás que no fue por tu fuerza, sino porque sembraste donde Yo te envié.

"Los que sembraron con lágrimas, con regocijo segarán.
Irá andando y llorando el que lleva la preciosa semilla;
Mas volverá a venir con regocijo, trayendo sus gavillas."
(Salmos 126:5-6)

PARADOJA 6... DEDICACIÓN Y LEALTAD

"Una Iglesia dedicada a Dios... terminó siendo más leal al sistema que a Él."

MENSAJE A... *La Iglesia que se Identifica con esta Paradoja*

Esto dice el Fiel y Verdadero, el que no cambia, el que permanece para siempre, el que exige fidelidad en lo poco y en lo mucho:

Yo he visto cómo tu dedicación se desvió hacia estructuras humanas.

He visto cómo defendiste tradiciones más que Mi Palabra, cómo protegiste sistemas más que Mi presencia, cómo obedeciste reglas más que Mi voz.

He visto cómo tu lealtad se inclinó hacia lo que construiste, y no hacia Quien te llamó.

Yo he visto cómo temiste romper el molde del sistema, pero no temiste entristecer Mi Espíritu... Te hiciste idolatra al confiar en el Sistema, lo hicisteis tu dios y buscasteis protección en eso.

SI NO TE ARREPIENTES...

...Tu dedicación será vana, tu esfuerzo será estéril, y tu obra será sin fruto.

El sistema que defendiste te exigirá más de lo que puede darte, y te dejará vacío.

Tu altar perderá fuego, tu adoración perderá pureza, y tu ministerio perderá dirección.

Porque donde no hay fidelidad a Mi voz, no hay respaldo de Mi Espíritu.

"Y ella no reconoció que yo le daba el trigo, el vino y el aceite, y que le multipliqué la plata y el oro que ofrecían a Baal. Por tanto, yo volveré y tomaré mi trigo a su tiempo, y mi vino a su sazón, y quitaré mi lana y mi lino que había dado para cubrir su desnudez.
Y ahora descubriré yo su locura delante de los ojos de sus amantes, y nadie la librará de mi mano. Haré cesar todo su gozo, sus fiestas, sus nuevas lunas y sus días de reposo, y todas sus festividades. Y haré talar sus vides y sus higueras, de las cuales dijo: Mi salario son, salario que me han dado mis amantes. Y las reduciré a un matorral, y las comerán las bestias del campo. Y la castigaré por los días en que incensaba a los baales, y se adornaba de sus zarcillos y de sus joyeles, y se iba tras sus amantes y se olvidaba de mí, dice Jehová."
(Oseas 2:8-13)

PERO SI TE ARREPIENTES...

...Yo restauraré tu fidelidad.

Te devolveré el temor santo, te enseñaré a escuchar Mi voz, y te haré valiente para romper moldes humanos.

Tu lealtad volverá a ser para Mí, y no para estructuras pasajeras. Yo te daré dirección clara, te guiaré por sendas rectas, y te vestiré con la corona de la vida.

Y sabrás que Mi fidelidad hacia ti... siempre fue mayor que tu fidelidad hacia Mí.

"Sé fiel hasta la muerte, y yo te daré la corona de la vida. El que tiene oído, oiga lo que el Espíritu dice a las iglesias. El que venciere, no sufrirá daño de la segunda muerte."
(Apocalipsis 2: 10b-11)

PARADOJA 7... EL GRAN TEMPLO

"Una Iglesia que nació siendo grande para Dios sin bloque...
terminó siendo un gran templo lejos de Dios."

MENSAJE A... *La Iglesia que se Identifica con esta Paradoja*

Esto dice el Altísimo, que no habita en templos hechos por manos humanas, sino en corazones contritos y humillados:

Yo he visto cómo tu grandeza se volvió externa y no interna. He visto cómo te esforzaste por levantar estructuras imponentes, pero dejaste caer tu altar interior.

He visto cómo buscaste ser admirado por los hombres, pero dejaste de ser aprobado por Mí. He visto cómo tu templo creció, pero tu espíritu menguó. Cómo tus paredes se hicieron altas, pero tu humildad se hizo baja.

Yo he visto cómo te alejaste de Mi presencia... mientras te acercabas a tus propios logros.

SI NO TE ARREPIENTES...

...Tu templo será grande, pero estará vacío.

Tus multitudes serán muchas, pero su hambre será profunda. Tus actividades serán numerosas, pero tu fruto será escaso.

Tu estructura impresionará, pero tu espíritu no transformará. Y lo que edificaste para tu gloria, no resistirá el día de Mi visitación.

Porque donde no estoy Yo, no hay vida, no hay fuego, no hay poder.

"La soberbia de tu corazón te ha engañado, tú que moras en las hendiduras de las peñas, en tu altísima morada; que dices en tu corazón: ¿Quién me derribará a tierra? Si te remontares como águila, y aunque entre las estrellas pusieres tu nido, de ahí te derribaré, dice Jehová."
(Abdias 1:3-4)

PERO SI TE ARREPIENTES...

...Yo volveré a ser tu centro.

Tu templo será un lugar de encuentro, no de exhibición.

Tu casa será un refugio para los quebrantados, no un monumento para los orgullosos.

Yo llenaré tu altar con Mi fuego, llenaré tu casa con Mi gloria, y llenarás tu ciudad con Mi presencia.

Y sabrán que tu grandeza no está en tus paredes, sino en Mi Espíritu.

No en tu estructura, sino en Mi gloria.

No en tu nombre, sino en el Mío.

"Por cuanto en mí ha puesto su amor, yo también lo libraré;
Le pondré en alto, por cuanto ha conocido mi nombre.
Me invocará, y yo le responderé;
Con él estaré yo en la angustia;
Lo libraré y le glorificaré.
Lo saciaré de larga vida,
Y le mostraré mi salvación."
(Salmos 91:14-16)

PARADOJA 8... LA FUENTE DE AGUA

"Una Iglesia que tenía a Jesús como fuente de agua... terminó buscando agua en emociones, espectáculos y motivación."

MENSAJE A... *La Iglesia que se Identifica con esta Paradoja*

Esto dice el que da agua viva, el que sacia la sed del alma, el que dijo: "El que beba del agua que Yo le daré, no tendrá sed jamás":

Yo he visto cómo dejaste Mi fuente para beber de cisternas rotas. He visto cómo cambiaste Mi presencia por emociones, Mi gloria por luces, Mi voz por ruido, Mi Espíritu por motivación humana.

He visto cómo buscaste experiencias pasajeras, en lugar de transformación eterna.

Cómo preferiste lo que entretiene, en lugar de lo que santifica.

Yo he visto cómo tu sed aumentó, mientras bebías de aguas que no sacian.

SI NO TE ARREPIENTES...

...Tu sed será mayor, tu alma se secará, y tu congregación se dispersará buscando agua.

Tus reuniones serán ruidosas, pero vacías.

Tus programas serán atractivos, pero sin vida.

Tus emociones subirán, pero tu espíritu no crecerá.

Porque donde no está Mi agua, todo se marchita.

Y donde no fluye Mi Espíritu, todo se convierte en desierto.

"Espantaos, cielos, sobre esto, y horrorizaos; desolaos en gran manera, dijo Jehová. - Porque dos males han hecho mi pueblo: me dejaron a mí, fuente de agua viva, y cavaron para sí cisternas, cisternas rotas que no retienen agua. - Tu maldad te castigará, y tus rebeldías te condenarán; sabe, pues, y ve cuán malo y amargo es el haber dejado tú a Jehová tu Dios, y faltar mi temor en ti, dice el Señor, Jehová de los ejércitos."
(Jeremias 2:12-13-19)

PERO SI TE ARREPIENTES...

...Yo abriré nuevamente Mi fuente sobre ti.

Mi agua viva correrá por tu altar, por tu casa, por tus hijos, por tu ciudad.

Tu adoración volverá a ser pura, tu ambiente volverá a ser santo, y tu congregación volverá a ser un oasis espiritual.

Yo saciaré tu sed, te daré revelación fresca, y haré brotar ríos en tu desierto.

Y sabrás que Mi agua no entretiene: transforma.

No emociona: santifica.

No pasa: permanece para vida eterna.

"He aquí que yo hago cosa nueva; pronto saldrá a luz; ¿no la conoceréis? Otra vez abriré camino en el desierto, y ríos en la soledad. Las fieras del campo me honrarán, los chacales y los pollos del avestruz; porque daré aguas en el desierto, ríos en la soledad, para que beba mi pueblo, mi escogido."
(Isaias 43:19-20)

PARADOJA 9... TÚ ERES PEDRO

"Una Iglesia que nació con identidad en Cristo... terminó
adoptando una identidad institucional."

MENSAJE A... *La Iglesia que se Identifica con esta Paradoja*

Esto dice el Cristo, el Hijo del Dios viviente, el que revela identidad, el que llama por nombre, el que transforma pescadores en columnas:

Yo he visto cómo dejaste la identidad que Yo te di para tomar la que te ofreció el sistema.

He visto cómo cambiaste revelación por denominación, convicción por tradición, llamado por posición.

He visto cómo tu nombre espiritual se apagó, mientras adoptabas etiquetas humanas. Cómo tu esencia se diluyó, mientras abrazabas estructuras que no nacieron de Mi Espíritu.

Yo he visto cómo olvidaste quién eras en Mí, para convertirte en lo que otros querían que fueras.

SI NO TE ARREPIENTES...

...Tu identidad será confusa, tu voz será débil, y tu autoridad será mínima.

Serás conocido por tu institución, pero no por tu relación conmigo. Tu nombre será grande en la tierra, pero pequeño en el cielo. Tu estructura será sólida, pero tu espíritu será frágil.

Porque donde no hay identidad en Cristo, no hay autoridad espiritual.

"Yo conozco tus obras, que tienes nombre de que vives, y estás muerto. Sé vigilante, y afirma las otras cosas que están para morir; porque no he hallado tus obras perfectas delante de Dios. Acuérdate, pues, de lo que has recibido y oído; y guárdalo, y arrepiéntete. Pues si no velas, vendré sobre ti como ladrón, y no sabrás a qué hora vendré sobre ti."
(Apocalipsis 3:1b-3)

PERO SI TE ARREPIENTES...

...Yo restauraré tu identidad.

Te recordaré tu nombre, tu llamado, tu propósito.

Te devolveré la revelación que perdiste, la autoridad que dejaste, y la firmeza que abandonaste.

Serás hijo de Dios, no por tu fuerza, sino por Mi revelación.

Serás iglesia nuevamente, no por tu estructura, sino por Mi presencia.

Y caminarás con la identidad que Yo te di, no con la que el sistema te impuso.

"El que tiene oído, oiga lo que el Espíritu dice a las iglesias. Al que venciere, daré a comer del maná escondido, y le daré una piedrecita blanca, y en la piedrecita escrito un nombre nuevo, el cual ninguno conoce sino aquel que lo recibe."
(Apocalipsis 2:17)

PARADOJA 10... SOBRE ESTA ROCA

"Una Iglesia que nació sobre la roca de la revelación de Cristo... terminó fundamentándose en sistemas y filosofías de hombres."

MENSAJE A... *La Iglesia que se Identifica con esta Paradoja*

Esto dice el que es la Roca eterna, el fundamento inconmovible, el Alfa y la Omega, el que no cambia con los tiempos ni se adapta a las corrientes humanas:

Yo he visto cómo dejaste la revelación que te dio vida para abrazar ideas que no nacieron de Mí.

He visto cómo cambiaste Mi Palabra por teorías, Mi verdad por opiniones, Mi doctrina por tendencias, Mi fundamento por estrategias humanas.

He visto cómo edificaste sobre arena, cómo levantaste estructuras sobre conceptos temporales, cómo construiste tu fe sobre argumentos que no tienen peso eterno.

Yo he visto cómo te alejaste de la roca, para apoyarte en filosofías que no pueden sostenerte.

SI NO TE ARREPIENTES...

...Tu fundamento se quebrará, tu estructura caerá, y tu obra será derribada por los vientos del tiempo.

Tus argumentos no resistirán, tus filosofías no sostendrán, y tus sistemas no sobrevivirán el día de la prueba.

Lo que edificaste sin Mi revelación, no permanecerá.

Y lo que construiste sin Mi Palabra, no tendrá fruto eterno.

"Por tanto, así ha dicho Jehová el Señor: Haré que la rompa viento tempestuoso con mi ira, y lluvia torrencial vendrá con mi furor, y piedras de granizo con enojo para consumir. Así desbarataré la pared que vosotros recubristeis con lodo suelto, y la echaré a tierra, y será descubierto su cimiento, y caerá, y seréis consumidos en medio de ella; y sabréis que yo soy Jehová."
(Ezequiel 13:13-14)

PERO SI TE ARREPIENTES...

...Yo restauraré tu fundamento.

Te devolveré la revelación que perdiste, te abriré nuevamente las Escrituras, y te haré firme como roca.

Tu casa será estable, tu doctrina será pura, tu fe será inconmovible.

Edificarás sobre Mí, no sobre hombres.

Sobre Mi Palabra, no sobre sistemas.

Sobre Mi revelación, no sobre filosofías pasajeras.

Y lo que edifiques sobre la roca, permanecerá para siempre.

"Cualquiera, pues, que me oye estas palabras, y las hace, le compararé a un hombre prudente, que edificó su casa sobre la roca. Descendió lluvia, y vinieron ríos, y soplaron vientos, y golpearon contra aquella casa; y no cayó, porque estaba fundada sobre la roca."
(Mateo 7:24-25)

PARADOJA 11... LAS PUERTAS DEL HADES

"Una Iglesia que nació con autoridad sobre el Hades... terminó viviendo bajo la influencia del Hades."

MENSAJE A... *La Iglesia que se Identifica con esta Paradoja*

Esto dice el que descendió a las profundidades, despojó a los principados, venció a la muerte y resucitó en gloria:

Yo he visto cómo olvidaste la autoridad que te entregué.

He visto cómo temiste al enemigo que ya derroté, cómo cediste terreno que te pertenece, cómo aceptaste cadenas que Yo rompí, cómo viviste oprimida cuando fuiste llamada a reinar.

He visto cómo te acostumbraste a la derrota, cómo normalizaste la opresión, cómo justificaste la falta de poder como si fuera parte de Mi voluntad.

Yo he visto cómo viviste bajo la sombra del Hades cuando fuiste creada para caminar en Mi luz.

SI NO TE ARREPIENTES...

...Seguirás viviendo por debajo de tu llamado, cediendo terreno al enemigo, y permitiendo que el Hades influya donde debería huir.

Tu autoridad será débil, tu discernimiento será nublado, y tu espíritu será vulnerable. El enemigo tomará ventaja, no porque sea fuerte, sino porque tú olvidaste quién eres en Mí.

Porque donde no hay revelación de autoridad, hay opresión.

Y donde no hay identidad en Mi victoria, hay derrota.

"Mi pueblo fue destruido, porque le faltó conocimiento. Por cuanto desechaste el conocimiento, yo te echaré del sacerdocio; y porque olvidaste la ley de tu Dios, también yo me olvidaré de tus hijos."
(Oseas 4:6)

PERO SI TE ARREPIENTES...

...Yo restauraré tu autoridad.

Te recordaré tu victoria, te devolveré tu espada, y te vestiré con poder de lo alto.

El Hades retrocederá delante de ti, las tinieblas huirán de tu casa, y la opresión se romperá en la congregación.

Caminarás en autoridad, hablarás con poder, y avanzarás con valentía.

Y sabrás que no peleas para vencer, sino desde la victoria que Yo ya declaré.

Porque Mi Iglesia no le teme al Hades: es el Hades quien tiembla ante Mi Iglesia.

"Si alguno conspirare contra ti, lo hará sin mí; el que contra ti conspirare, delante de ti caerá. He aquí que yo hice al herrero que sopla las ascuas en el fuego, y que saca la herramienta para su obra; y yo he creado al destruidor para destruir. Ninguna arma forjada contra ti prosperará, y condenarás toda lengua que se levante contra ti en juicio. Esta es la herencia de los siervos de Jehová, y su salvación de mí vendrá, dijo Jehová."
(Isaias 54:15-17)

PARADOJA 12... LAS LLAVES DEL REINO

"Una Iglesia que recibió las llaves del Reino... terminó sin encontrar la puerta del Reino."

MENSAJE A... *La Iglesia que se Identifica con esta Paradoja*

Esto dice el que tiene la llave de David, el que abre y nadie cierra, y cierra y nadie abre, el que da acceso al Reino y delega autoridad a los que caminan en obediencia:

Yo he visto cómo recibiste las llaves, pero no buscaste la puerta.

He visto cómo hablaste de autoridad, pero no entraste en Mi presencia. Cómo declaraste decretos, pero no viviste bajo Mi gobierno. Cómo enseñaste del Reino, pero no caminaste en sus principios.

He visto cómo usaste las llaves para tus propios planes, pero no para abrir lo que Yo quería abrir. Yo he visto cómo te acostumbraste a tener llaves sin saber usarlas.

SI NO TE ARREPIENTES...

...Tus llaves serán solo símbolos, no herramientas.

Hablarás de autoridad, pero no tendrás respaldo.

Declararás palabras, pero no verás cumplimiento.

Intentarás abrir puertas, pero permanecerán cerradas.

Tu ministerio será ruido sin poder, movimiento sin avance, actividad sin fruto.

Porque las llaves del Reino no funcionan cuando el corazón está lejos del Rey.

"El que en mí no permanece, será echado fuera como pámpano, y se secará; y los recogen, y los echan en el fuego, y arden."
(Juan 15:6)

PERO SI TE ARREPIENTES...

...Yo te enseñaré nuevamente a usar las llaves.

Te mostraré la puerta correcta, te guiaré al lugar de Mi voluntad, y te daré acceso a lo que antes no podías abrir.

Tu autoridad será real, tu palabra tendrá peso, y tu oración tendrá respaldo.

Atarás y será atado.

Desatarás y será desatado.

Abrirás y se abrirá.

Y caminarás no solo con llaves, sino con dirección.

No solo con autoridad, sino con obediencia.

No solo con poder, sino con Reino.

"Y a ti te daré las llaves del reino de los cielos; y todo lo que atares en la tierra será atado en los cielos; y todo lo que desatares en la tierra será desatado en los cielos."
(Mateo 16:19)

*"Y yo también te digo, que tú eres Pedro, y sobre esta roca edificaré mi iglesia; **y las puertas del Hades no prevalecerán contra ella**."*
(Mateo 16:18)

www.ingramcontent.com/pod-product-compliance
Lightning Source LLC
LaVergne TN
LVHW051052080426
835508LV00019B/1833